本をともす

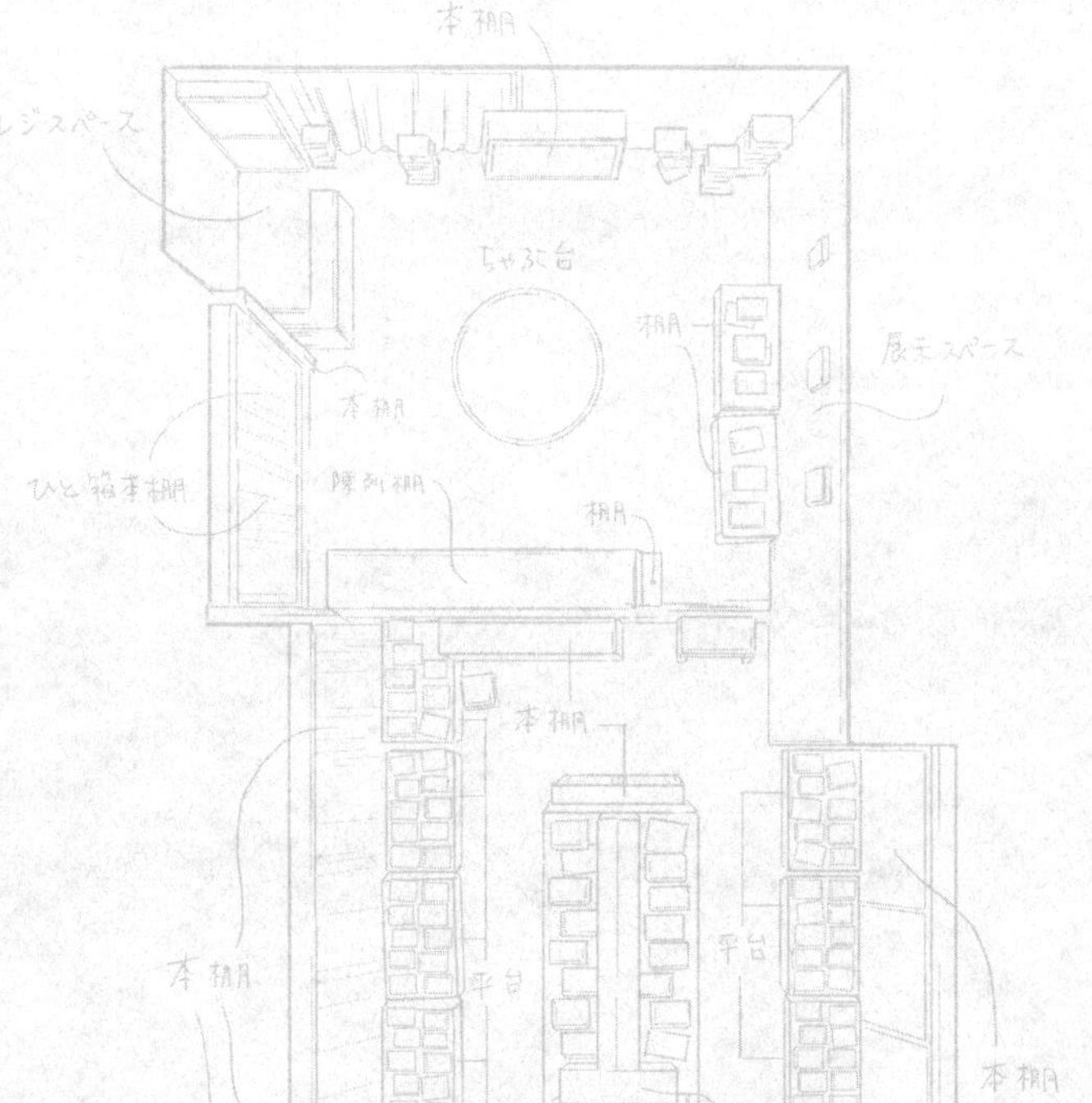

葉々社　小谷輝之

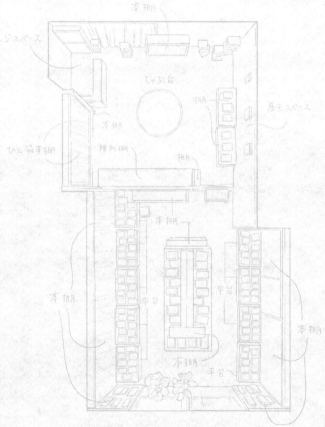

はじめに

二〇二二年四月の開店以来、早いもので三年という時間が経過した。毎日、決めた時間に店を開けて、夜が訪れると店を閉める。単純な日々の繰り返しのようでいて、実際はそうではなく、毎日何かが発生する。バタバタするときもしょっちゅうある。

店を開けたあとはお客さんを待つ。基本的にはただ待つ。考えれば出版社に勤務していたときも待つ仕事が多かった。著者から原稿を、カメラマンから写真を、外に撮影に行けば、雲に隠れた太陽がふたたび顔を出すまで待つこともあった。だからなのか、待つことは嫌いではない。

二十五年の会社員生活を経て開業した葉々社は、本屋と出版社を兼務している。本を売りながら、本を作ってもいる。ふたつの出版社に所属していた頃は、仕事が忙しすぎて、自分自身がどんな仕事に向いているのか、真剣に考えたことはなかったように思う。これまでずっと雑誌や書籍の編集に携わってきたのだが、営業の仕事にはいちども就いてこなかった。本屋の仕事を始めてみて、自分はもしかすると営業に向いていたのではないかと感じている。リアルな場所としての本屋、イベント出店、オンラインストアをはじめ、毎日いろんなお客さんとのやりとりがある。本の話を聞いたり、仕事上の悩みについて相談を受けたり、日々、さまざまな年代のお客さんの人生に少しだけ触れている。まだ、三年程度しか本屋の仕事をしていないけれど、五十歳にしてたどり着いたこの職業は、天職なのかもしれない。いまはそう思っている。それほどまでに本屋は楽しいし、やりがいもある。

本書は、私が葉々社を開業するまでと、開業してからの記録である。毎日、どんなことを考えながら本屋の仕事を継続してきたのか、また、目の前に立ちふさがる課題に対して、どう向き合ってきたのかについて、具体的な数字を示しつつ振り返っている。

本屋が好きな人、本がないと生きていけない人たちのことを想像しながら原稿を書いた。本書をきっかけにして、全国各地に小さな本屋がもっと増えていくことを願っている。

もくじ

装画　ナカイミナ
装幀　大﨑 奏矢

本をともす

第1章　のれんのある本屋

1　やっぱり紙の本が好き

二〇一六年五月、私は羽田空港の国際線ターミナルにいた。目的地は中国の首都・北京。当時、インプレスという出版社に在職していた私は、グループ会社であるインプレスグループシンガポールへの出向を命じられ、この年の十月からシンガポールで仕事をすることが決まっていた。アジア事業のヘッドクォーター（本部）が北京だったため、まずはこの地で三カ月の研修を受けることになったのだ。

インプレスは大学卒業後に入社した東京ニュース通信社の次に中途採用で入社した会社である。東京ニュース通信社では、TVガイドをはじめとするテレビ雑誌やムック、書籍の編集業務に九年間携わった。最初に配属された部署は、TVガイドなどの番組表や番組解説などを制作するところで、テレビ朝日とTBSを二年間ずつ、合計四年間担当した。このときはテレビ局の広報室に併設されている記者室に毎日足を運び、取材をして記事を書いていた。その後、十五人ほどの後輩記者を束ねるデスク業務を担当し、ＴＶガイド編集部に異動した。ＴＶガイド時代は、おもに特集ページの制作を行い、俳優やタレントを取材したり、ドラマやバラエティ番組の収録を見学したりと、怒濤のような毎日を送っていた。ＴＶガイドは週刊誌なので、毎週、入稿と校了が必ずあり、週に四日程度は徹夜をしていた。いまから思えば二十代だったからこなせたのだろうと思う。仕事に対して喜びを感じていたというよりは、先輩や後輩、同僚らといっしょにひとつの媒体を制作するということに意義を見いだしていたように感じる。担当ページに穴を開けるわけにはいかないので、タスクの優先順位を決めることや短期と中期の仕事の段取り、人とかかわり合いながら仕事をすることの楽しさや難しさは、すべてこの時期に学んだ。おそらく普通の会社員の二倍の時間は目を開けて仕事をしていたと感じる、濃密な時代だった。

会社を辞めた理由は、雑誌ではなく、書籍の編集に挑戦してみたかったからだ。ＴＶガイドは週刊誌のため、読者の手元に置いてもらえる時間が短く、基本的には用が済めば捨てられる媒体だ。そうではなく、読者の手元に長く置いてもらえる、もしかすると一生本棚に並べてもらえるような、そういう可能性のある書籍を作ってみたかった。

少しばかりの休息ののち、転職活動を開始したのだが、なかなかうまくいかなかった。規模の大小を問わず、数多くの出版社の門戸を叩いたのだが、会社の規模が小さければ小さいほど、即戦力となる編集者を求めている傾向が強く、書籍編集の経験が浅い私は採用してもらえなかった。なかには、「君が入社した場合、どんな作家を連れて来られるの？」と品のない質問をされたところもあった。四、五十社は受験しただろうか。季節は春から夏へと移り、そろそろ社会復帰しないと、日常生活がままならないなと感じていた頃、インプレスのデジタルカメラマガジン編集部で中途採用者を募集しているのを見つけた。書籍ではなく、雑誌の編集だったが、カメラは子どもの頃から好きで身近な存在だったので、とりあえず応募したところ無事に採用された。時は二〇〇五年八月、キヤノンから三十五ミリ判フルサイズデジタル一眼レフカメラのＥＯＳ ５Ｄが発売されて、カメラ業界が大いに盛り上がっていた頃だ。

デジタルカメラマガジン編集部では、毎日新しいカメラやレンズに囲まれて、忙しくも充実した日々を過ごした。一般のお客さんよりもひと足早く、新製品を見たり、触れたり、シャッターを切れたりすることができるのはワクワクするものだ。風景写真家の撮影に同行して全国津々浦々を巡った旅もいい思い出である。

三年、五年と経験を積むにつれて、またあの気持ちが心のなかに浮かび上がってくる。雑誌ではなく、書籍を作りたいという気持ち。どうやら私は、消費期限のようなものが短い媒体について、苦手意識があるのかもしれない。デジタルカメラマガジンは月刊誌だったが、前回と同じく、もっと長い時間、読者の人生に伴走することができる書籍を作ってみたいと感じるようになっていた。ただ、このときはいきなり転職を考えるのではなく、編集長に相談をした。雑誌ではなく、書籍を作りたいと。その願いは叶えられ、雑誌の担当ページを少なくしてもらう代わりに、年間数冊の書籍をひとりで制作することになった。おもにカメラ関連本で、初心者向けのハウツーや、レンズのバイヤーズガイドなど、企画立案から予算の管理、台割の作成、デザイナーや著者、印刷所とのやりとり、原稿整理、校正まで、すべてをコントロールしながら一冊の本に仕上げていく過程はやりがいがあった。

ひとつの物事をある程度こなせるようになると、何か新しいことに挑戦してみたくなる。同じ人間がずっと同じ雑誌を作り続けていると読者も飽きるのではないか。雑誌の場合は、特集を制作するにあたり、定番の切り口があり、長く記事を作り続けていると、毎月のようにアイデアが必要となるわけだが、この頃の私はどの引き出しを開けても同じようなアイデアしか思い浮かばなかったのだ。新天地でいままで見たことのない風景を見る必要があった。編集部員の新陳代謝（わかりやすくいうと若返り）も必須ではないかと考えはじめていたとき、アジア事業の社内公募が出た。迷わず手を挙げた。出版社勤務で海外駐在ができるのは貴重な体験だと思ったからだ。もともと海外旅行が好きで、短い人生でいちどくらいは海外で生活してみたいという憧れもあった。結果、ほかの候補者がひとりもいなかったため、私が選ばれた。

十一年間のデジタルカメラマガジン生活で得た知識と経験をもとに、ひとり五月の北京を訪れた。人生初の中国。目にするもの、耳で聞く音、鼻腔を抜けるにおい、そのすべてが新鮮な体験だ。研修期間は三カ月。このあいだにアジア事業が担っている仕事の基礎を学ぶ。おもな業務は、日系カメラメーカーの販促物やコンテンツの制作である。具体的には紙の製品カタログやメーカーのホームページに掲載する新製品などのデジタルコンテンツである。北京事務所で働いているメンバーは、日本人と中国人が数人ずつ。私は隣の席だった同僚の男性に滞在中よくしてもらった。業務の全体像の把握、仕事の進め方、注意すべきポイント、予算の考え方など、本当にお世話になった。研修中、はじめの頃に苦戦したのは北京事務所の社長の質問タイムである。毎日必ず社長室に呼ばれ、「何か質問あるか？」という時間が始まる。当然ながらひとつやふたつの質問では間がもたないため、毎日複数の質問を事前に考えておく必要があった。質問タイムを開始した当初は、いやでいやで仕方がなかったのだが、こちらの知識が積み上がってくると、自然と疑問が生まれ、質問を出すのに頭を悩ませる必要がなくなっていった。知識が少ないときは、何がわからないのかがわからなかったわけだ。この社長に当時言われたことで私がいまも大切にしている言葉がふたつある。「自分の限界を自分で決めるな」ということと「仕事中は無駄をしろ」ということ。前者は、何歳になっても常に新しいことに挑戦し続けたいという気持ちになる。後者は、効率ばかりを追い求めるのではなく、時には仕事中の時間であっても無駄をしていいということ。そうしないと知識は増えない。あえて無駄をすることで知識は増えていく。まったくそのとおりだと思う。

シンガポールと聞くと、みなさんはどんなイメージを最初に思い浮かべるだろうか。きれい？　マーライオン？　マリーナベイ・サンズ？　私は道端につばを吐くと罰金刑程度の知識しかなく、旅先としても初めての訪問地だった。面積は東京二十三区より少し大きい程度しかなく、この地に約五六四万人の人々が暮らしている。多民族国家であり、中華系が七十四％、マレー系が十四％、インド系が九％を占める（二〇二二年現在、外務省ＨＰより）。治安もよく、夜のひとり歩きも問題ない。私と妻が生活するコンドミニアムは、単身者用の部屋に毛が生えた程度の広さで家賃は二十三万円（だった気がする。もちろん会社負担）。プール付き。二年間の滞在中、一回も泳がなかったけど。日本を代表するような大会社の社員が駐在する物件の家賃相場は、八十～九十万円と聞いたことがあるので、東京よりも高いかもしれない。

こうして二〇一六年十月、シンガポールでの新たな生活が幕を開けた。私の所属先であるインプレスグループシンガポールは小さな会社で、スタッフは私を含めて五人。日本人は私と私の上司。シンガポール人の男性がひとり、女性がひとり。オランダ人の男性がひとりという構成。この五人でシンガポールにヘッドクオーターを構える日系カメラメーカーのASEAN地域の顧客向け販促物やコンテンツの制作を請け負った。具体的には製品カタログの制作や、オウンドメディアに掲載するカメラ関連の記事制作である。業務をスタートした当初は、毎日が苦戦の連続だった。当時はシンガポールオフィスでの独自の記事制作が難しかったため、日本のデジタルカメラマガジンが作った記事を二次流用させてもらっていた。日本語で書かれた原稿を整理するのだが、クライアントに提出するときは当然英語のため、翻訳者が英語に訳しやすい日本語に調整する必要があった。日本語は主語がなくても通じるが、英語の場合はそうはいかない。また、日本語の一文が長すぎるのもダメで、主語と述語、修飾語と被修飾語の係り受けなどを常に意識しながら原稿を整理しなければならない。ポイントは中学生が読んでも理解できるようなわかりやすい日本語で書くこと。とにかくシンプルに書くことを心がけた。

これまでの人生において、それなりに仕事をこなし、結果も出してきた私にとって、シンガポールで携わった仕事は未知の領域だった。編集の仕事をするつもりで手を挙げたのだが、実際のところは想像以上のマルチタスクであり、仕事自体は広告代理店が行うような内容が多く、客先へも自ら訪問した。ジャケットを着て、革靴を履き、同僚のオランダ人とともに先方を訪ねて課題を聞く日々。課題を解決するための提案書がまとまったら、アポをとって再訪問し、プレゼンをする。仕事を受注できなければ、会社にお金が入ってこないため、提案書の作成はとても大切な仕事だった。上司は毎日ピリピリしていた。いまから思うと彼は彼なりにたいへんな思いを抱えながら仕事に従事していたのだろうと想像することもできるが、当時の私にはそんな余裕はまったくなく、ただただ何から手をつければよいのかを模索する時間が過ぎていった。客観的に自分の仕事を分析できるようになったのは、六カ月が経過したあたりだろうか。どのスキルが不足しているのかを検討し、本で勉強することにした。妻の母が私たちに会うためにたびたびシンガポールを訪れてくれたので、そのたびに日本で注文した本を持ってきてもらったのだ。マーケティングやＳＮＳの活用事例などの知識が増えてくると、客先のマネージャーとも会話が噛み合うようになり、従来よりも精度の高い提案書を作成できるようになっていった。心の余裕が少し出てくると新しいことに挑戦する気持ちも生まれる。滞在中は、ベトナムやタイ、インドネシア、マレーシア、スリランカ、ミャンマー、ラオスを旅して、現地のカメラ事情を探ったりもした。旅をすることだけが唯一の楽しみだったのだ。

あっという間に一年が経過し、苦労したぶん、デジタルコンテンツ制作やマーケティングに関する知識と経験は増えた。しかし、こちらからの提案は思ったように受け入れられなかった。年初に計画したとおりに進まない予算案。そのたびに計画書を調整し、新たな提案書を作成する。私たちの会社は紙の制作物が得意なのに、クライアントが求めているのはＡＳＥＡＮ地域を網羅するようなＳＮＳの構築やＷｅｂコンテンツの制作など、私たちができることとのギャップが大きすぎるのが問題ではないのかと疑問をもつようになる（つまり私自身は能力の限界を感じていた）。一年半が過ぎた頃、私は心に決めた。二〇一八年の冬までに仕事で何かしらの成果を得ることができなかった場合、退職することを上司に報告した。この頃、私はＷｅｂコンテンツの制作よりも紙の本を作りたい、書籍の編集をしたいという思いに強く心をとらわれはじめていた。四十歳を超えての初の海外赴任、慣れないデジタルコンテンツの制作に挑戦した結果、できないことをリカバリーするよりは、いまできることに、より多くの時間を注ぐほうがよいのではないかと感じていた。それはつまりずっと前から夢に描いていた、書籍の編集者になるということだった。

この状況は上司を通じて本社に伝えられ、年末を待つことなく、東京に戻ることが決定した。二〇一八年十一月、私は二年ぶりに日本で働くことになる。

2 ひとり出版社のち、ひとり本屋

シンガポールで仕事をしていた頃は、喜びよりも苦しみを味わう回数のほうがはるかに多かった。いま、当時の状況を振り返ってみて、海外赴任それ自体に後悔の念は一切ないが、あらためて感じることは仕事の成果がそれなりに得られない人生は、想像している以上にしんどいということだ。日常生活において は睡眠と仕事がほとんどの時間を占めることになるので、仕事が苦痛であることは私にとって厳しい闘いでもあった。日本に帰国するにあたり、気持ちをいちど整理して、新たな道を模索するためにインプレスを退職したほうがよいと考えていたのだが、デジタルカメラマガジンの編集長から「東京は仕事がたくさんあるから、会社を辞めずにまた編集部に戻ってきたら」と声をかけてもらった。ありがたい申し出を断る大きな理由も見当たらなかったので、古巣に戻らせてもらうことにした。Webコンテンツ作りを中心に作業していた頭と体は、久しぶりとなる紙の媒体作りに慣れるまで半年程度はかかったように思う。

真っ白な紙のラフ用紙に手書きで設計図を書き込む作業は、やはり楽しかった。二十代の頃に感じたような喜びをあらためて噛み締めながら日々の仕事に取り組んだ。

シンガポールから帰国後、大きく変化したマインドセットが外に出るということだ。それまでは土曜日に休日出勤をした場合、日曜日は家で休息することが多かったのだが、帰国後はできるだけ外に出て、人に会うことを心がけた。シンガポール赴任中は、外に出て人と会うことがほぼなかったため、二年間の空白の時間を必死に埋めようと気持ちがあせっていたのかもしれない。写真展や原画展、美術館をはじめとして、竹尾や大和板紙、篠原紙工など、印刷用紙や製本技術に関する知識を習得するため、さまざまな場所へ毎週のように足を運び、これまで出会ってこなかった人たちに会いに行った。話を聞き、書籍作りに生かすことができないかを考えた。デジタルカメラマガジンに新しい何かをプラスすることで、読者にとって有益な記事を作りたかったのだと思う。

編集部に復帰してからは月刊誌であるデジタルカメラマガジンの編集作業に携わりながら、カメラ関連の書籍作りにも力を注いだ。従来のハウツー本ではない切り口の書籍もいくつか出版することができた。一年ほどが経過した二〇一九年の冬、私はインプレスに在職しながら転職活動を始める。カメラ関連以外の書籍を作ってみたかったのだ。社内での居場所を求めて、営業をはじめとするほかの部署の上司たちにも相談をし、話を聞いてもらう場をつくってみたもののなかなか思うような方向には進まなかった。デジタルカメラマガジンの編集長には事前に転職活動を開始することを伝えていた。欠員が出たときの補充を速やかに進めてもらう必要があるからだ。書籍を中心に出版活動を行っている出版社を探して応募しはじめた頃、コロナウイルスの一報がニュースで伝えられる。最初は特に興味をもつこともなかったが、連日報道されるにつれて、規模が大きくなり、他人事ではなくなってくる。日本も例外ではなく、またたく間に全国に広がり、転職活動はいったん中止せざるを得なくなった。

結果的にはここが大きなターニングポイントだった。

社会全体の活動が否応なく変化が求められるなか、出版社側の採用活動も縮小せざるを得なくなり、私自身の転職活動へのモチベーションも低下した。カメラ関連以外の書籍を編集してみたいけれど、その場所が見つからない。そのとき、思いついたのが、ひとりで出版社を始めるということだった。本を作るための知識はそれなりに備わっていたこの頃、転職することで年収が下がり、かつ自分が作りたい本を作れるかどうかわからない状況のまま転職するならば、自分で出版社を立ち上げたほうがストレスなく生きていけるのではないかと思った。シンガポールから帰国後、人生の節目となる五十歳からの十年間をどう生きるかをずっと考えていた私にとって、ひとつの答えが出た瞬間だった。

ひとりで出版社を始めることを決めたあとも積極的に会社の外に出かけていき、いろんな人に会いに行った。ひとり出版社である夏葉社の島田潤一郎さんや三輪舎の中岡祐介さんに出会ったのもこの頃ではないかと思う。ふたりに会い、島田さんが執筆した『あしたから出版社』（晶文社）、中岡さんが出版した『本を贈る』（三輪舎）を読み、ひとり出版社がどんなものかを知る。私は決断したあとの行動は早いほうだと思うが、決断する前はそれなりに時間をかける。石橋は叩いてから渡る。知らない世界を知るには本を読むのがもっとも効率がよい。それも一冊、二冊ではなく、五冊程度のまとまった冊数を集中して、連続的に読む。そして、読んで得た知識を近くにいる人に披露する。これを繰り返すことで、自分のなかに知識を定着させていく。七三一部隊もベトナム戦争もアウシュビッツもヒトラーも第二次世界大戦もそのようにして本を読んできた。当時、読んだ本は、『〝ひとり出版社〟という働きかた』（河出書房新社）や『「本をつくる」という仕事』（筑摩書房）など。世のなかには出版という生業にひとりでチャレンジしている人たちが数多く存在することがわかった。また、彼ら・彼女らが作る本は良書であることが多いことも理解できた。

この体験がふたつ目のターニングポイントになった。

つまり私はひとり出版社ではなく、ひとり本屋を開業することに決めたのだ。ひとり出版社の代表たちが制作した良書を売る場所をつくるために。本を作るよりも売るほうを優先したのだ。なぜ、ひとり出版社なのかについては、商売相手の顔が見えているからだと思う。人柄に触れて、彼らや彼女らがどんな考え方で本を作り、どんな世界を目指しているのか、それらが明確にこちらに伝わってくるので、本屋という場所を通じて応援したくなったのである。二〇二〇年三月のことである。開業は二〇二二年四月、私が五十歳を迎える春を目標に設定した。準備期間は約二年。石橋を叩いて渡るには十分な時間ではないだろうか。長らく勤めたインプレスは最終的に二〇二二年三月をもって退職することになる。

本屋の開業を目指すといったところで、何か手立てがあったわけではない。学生時代を含めて、本屋でアルバイトをした経験もなければ、書店員の知り合いもひとりもいなかった。そこでまず手をつけたのが、準備期間の二年のあいだに行うことのおおまかなスケジュールを組むことであった。時間をかけて準備をしていくことと瞬発力を生かして実行することを分けた。そこで見えてきたことは、開業準備に関する要素の大部分が時間をかけて行うことのほうが多いという事実だった。たとえば、店に並べる本の選書作業や、本以外に販売する雑貨などの仕入れ先の選定など。時間をかけることでモノや人との出会いも増える。物件探しは開業直前にならないと始めることができないため、ひとまずあと回しにした。

本屋でやりたいことは、もちろん本を売ることではあるが、本が売れなかった場合でもそれなりに売上が上がるように設計する必要がある。そこで私が売上の基本として考えたのが以下の要素だ。「新刊」「古本」「雑貨」「ひと箱本棚」「展示スペース」「飲み物」の六つの要素を組み合わせることで、少しでも売上が上がるようにした。全体の設計が終わったあとは、各要素の準備を進めていった。

「新刊」の仕入れ先としては、取次と呼ばれる本の問屋が有力候補となる。どんな取次が存在して、どのような出版社の本を仕入れることができるのかは、インターネットを検索することで、ある程度の情報が得られる。「古本」は自身が読み終えた本と、ブックオフやバリューブックスなどの古本屋を活用しながら、在庫を増やしていくことにした。「雑貨」は本と親和性の高いものにして、かつ自分が使っていて、いいなと思えるものを仕入れることに。「ひと箱本棚」と「展示スペース」は、物件契約後に初めて検討できる要素なので、頭の片隅に常に留めておく程度にした。「飲み物」は店内で提供することを考えたとき、食品衛生責任者の資格を取得しなければならないため、時期が来た頃、作業を進めることにする。これらのほかにも店内のレジ業務はどのサービスを利用するか、オンラインストアの仕組みをどう構築するか、電話、ＦＡＸ、Ｗｉ-Ｆｉの設定、個人事業主としての申請・登録、什器の準備、工務店探し、しおりやブックカバー、ショップカードやＤＭの作成など、挙げればきりがないほど、やるべきことは膨大に出てくる。しかし、前述した二年間のおおまかなスケジュールのなかに、それぞれ点としてマッピングしていくことで、いつ、何を、優先的に作業すればいいのかが直感的にわかるので、心があせることはなかった。やるべきことがきちんと見えてさえいれば、着実にひとつずつ時間をかけてこなしていくだけだ。暗闇のなか、明かりを持たずに歩くことは難しいけれど、私には夏葉社の島田さんや三輪舎の中岡さんら、いつでも相談に乗ってもらえる、小さな松明のような存在が身近にいたのである。

3　物件選びは直感で

本屋が小売り業である以上、売上が店の立地条件にある程度は左右されるという事実に異論はないだろう。物件を探すにあたり、はじめに私が行ったのは、ＳＵＵＭＯやアットホーム、ホームズなどの住宅情報サイトのチェック。これを本屋の開業六カ月くらい前から開始した。おもな目的は、立地条件と家賃相場を把握することだ。サイトを眺めながら、常に気にしていた点は、一坪の賃料がいくらくらいになるのかということ。実際に物件を借りる段階になったとき、一坪一万円程度に収めるつもりで予算を立てていた。六カ月前の時点ではあくまで参考程度に物件を確認していたにすぎず、当たり前の話ではあるが、駅に近く、路面店で、面積の広い物件ほど、賃料は高くなっていった。反対に駅からバスで二十分、ビルの二階、間取りのかたちがいびつな物件などは賃料が安かった。お客さんの利便性を考えると、駅からは近いほうがよく、車椅子ユーザーやベビーカーを利用している方々の訪問を想定すると、路面店のほうがいいのは明らかだった。

本格的に物件探しを開始したのは、開業四カ月前ぐらいだ。このときは自分の希望に合う物件が見つかった場合は、即日契約を行うつもりで探しはじめた。時期でいうと二〇二一年十二月あたり。予定では二〇二二年一月中に改装作業を終えて、二月と三月で仕入れなどの準備を完了させ、四月に開店するつもりで計画を立てた。物件選びで重視したポイントはふたつ。店内に小上がりがあることと、自宅から自転車で店まで通えること。本屋のなかに靴を脱いで上がれるスペースをつくることで、地域の子どもたちが気軽に立ち寄れるような安全な場所をつくりたかったのだ。出版社に勤務していた頃は、毎日電車に揺られて通勤していたのだが、スマホばかりを見ている人間だらけでストレスを感じていたため、本屋開業の暁には電車通勤はやめるつもりだった。雨の日も風の日も雪が舞い降る日も、自転車で店まで通うことにしたのである。

事前調査の段階では小上がりのある物件は、一軒も見つからなかったのだが、知り合いの写真家夫婦にそんな話をしたところ、東京R不動産に掲載されていた物件を教えてもらう。それが現在の葉々社が入る木造物件だった。東京R不動産のホームページは、一般的な賃貸情報サイト（無味乾燥でおもしろくない）とは異なり、雑誌のような作り方になっている。物件の担当者がその地域のことをよく理解していて、主観たっぷりに物件を紹介している。周辺情報も含めて、仮にその物件を借りることになった場合、人生にどんな出会いがあり、変化をもたらすのか、想像する時間を提供してくれる。

私が東京R不動産のホームページで見た物件は、うなぎの寝床のように奥に細長く、路面店で駅からも近く、小上がりのある建物だった。何より家賃が破格の安さで、十坪七万七千円（税込）。一坪あたりの賃料は七千七百円である。京急梅屋敷駅からは活気のある商店街を抜けて、徒歩三分ほど。思い描いていた理想の物件にいきなり出合った気がした私は、すぐに内見を申し込んだ。運よく、その週末に内見することができて、実際に自分の目で物件を確認した印象も悪くなかった。次の週末にあらためて梅屋敷を訪れ、物件の周辺を散策した。近くに本屋はあるのかどうか、どんな世代の人たちが暮らしているのか、梅屋敷駅の利用客の数はどの程度なのか、実際に現地を訪問して、いくつか気になる点をチェックした。休憩するために訪れた仙六屋カフェで素敵なシーンを目撃した私は、この物件を契約することを決める。それはカフェで一服していた四人の女性客全員がひとりで本を読んでいたのだ。スマホではなく本を読んでいたのである。大事なところなので二回書く。私がこの地で本屋を開いた場合、少なくともこの四人の女性たちはお客さんになってくれそうな、そんな予感がしたのだ。

結果、物件は一軒しか見なかった。気持ち的には十軒見た物件のなかで、もっともよかった物件が一軒目に現れたことにした。こればかりは直感に従うしかない。どの物件が最高だったのかなんて誰にもわかりはしないのだから。

立地条件に加えて、いくつか事前に調べたこともある。それは災害に強い場所かどうかということ。具体的には、自然災害によって発生する可能性の高い地震と洪水。店舗物件を契約するとき、火災保険には必ず加入するが、地震保険は入ることができない。担当者に話を聞くまで知らなかった事実だが、住居物件とは異なり、店舗物件は地震保険には加入できないということだった。つまり地震によって店舗物件が倒壊したとき、自力で経営を立て直す必要がある。地震による建物倒壊の危険度や、店舗物件がどんな岩盤の上に建っているのかは行政のホームページなどで確認できる。また、豪雨によって起こる洪水にも注意を払いたい。特に一階の路面店の場合は、本が水浸しになる可能性があるため、店の近所に大きな川がないか、氾濫の恐れはどの程度なのかを前もってチェックするとよいだろう。いずれも発生しないに越したことはないのだが、「もしも」のことは常に頭の片隅に置いておきたい。私はこれらのほか、物件契約の前に梅屋敷駅の一日の乗降客数、近隣の犯罪発生件数なども調べた。前者は本屋の見込み客数のデータとして、後者は不要な事件に巻き込まれないように注意するためである。物件を契約したあとに後悔しないためにも、事前に想定できる疑問については、自分なりに調べ上げて納得のいく回答を得た。

物件が決まると次は改装工事だ。葉々社の場合は、土間部分の本棚と在庫ケース（キャスター付き）の製作、電気設備、バックヤードに作るミニキッチンの造作などを工務店に依頼することにした。当時は工務店の知り合いがひとりもいなかったので、物件のオーナーに相談して、知り合いを紹介してもらった。インターネットなどから相見積もりをとる方法もあるとは思うが、時間がかかるし、手間も増える。オーナーの知り合いなら安心して相談ができる。

まずは自分が理想とする本屋のイメージを工務店の担当者に伝えた。そのうえで見積もりを出してもらう。予算をオーバーしている場合は、どの工事を諦めるのかを決める。正直初めてのことばかりだったので、工事の金額が安いのか高いのか、妥当なのかはわからなかった。ただ、気軽に相談は行えた。こうしてほしいという希望をきちんと聞いてもらえた点もよかった。メインとなる本棚は、サイズ感を含めて、すべて細かい数字を伝えた。棚と棚の幅や棚板の奥行き、木の色、在庫ケースのサイズに至るまで、これまでさまざまな本屋を巡り、調査をして得た知識をもとに考え抜いた本棚である。目標にしたのは本の流れが分断されない棚だ。箱型の本棚を利用すると、棚の端で本の流れがどうしても分断されるが、長い棚板を用いることで、その分断を回避したかった。人の目は横に位置しているため、横方向への目線の流れは自然に行えるはず。たとえ意識しなくても本の背表紙を追えるような本棚を作りたかったのである。

本格的に営業を開始したあとは、在庫がどんどん増えていくことは目に見えていたので、在庫を収納するためのケースも用意した。一箱二百冊程度が入る大型のケースを九つ。これで最大千八百冊程度の在庫を確保できるようにした。このケースは状況に応じて簡単に移動ができるようにキャスターを付けて、さらに天面には本を面陳できるように製作した。

本屋を訪れたお客さんがリラックスして本を探せるように空間づくりにも気を配った。足元から天井までぎっしりと本で埋まっているような場所ではなく、適度な余白が感じられる空間を目指した。通路の幅も大切な要素のひとつで、近所で暮らしている小さな子どもを連れたお客さんを想定した場合、ベビーカーが通れるようにするためにはどの程度の幅が必要なのかを事前に調べた。これは本屋の営業を開始してから気づいたことだが、キム・ウォニョンさんとキム・チョヨプさんの共著である『サイボーグになる』（岩波書店）を読んだとき、車椅子を利用している人たちは日常生活のなかでいろいろなことを諦めている、ということを知った。本が好きなのに本屋に行くことを諦めている。この状況を解決するため、葉々社のＳＮＳで発信したところ、三人の車椅子ユーザーの方々が店を訪れてくれた。店内でほかのお客さんに気を遣うことなく、ゆっくりと本を選べるようにするため、事前に日時を決定したうえで、車椅子ユーザーの方々がいる時間帯は貸し切りにした。二〇二一年に障害者差別解消法が改正されて、二〇二四年四月からは合理的配慮の提供が義務化された。本屋やカフェなどが広く街に開いていくためには、健常者中心社会からの脱却を目指して、ハンディを抱えた人たちが安心して利用できる店作りを実現していく必要がある。

物件選びは一期一会なので、自分が理想とする物件に出合えるかどうかは、そのときの運次第ということもある。いいなと思える物件と出合えたときに何の条件を優先して、何を諦めるのかを事前に決めておくと、あれこれ迷わずに済むかもしれない。これも結果論でしかないかもしれないが、物件の近くに大きな病院があったり、大学や高校など、本を読む確率が高い人たちがいたりすることは、本屋の見込み客を考えたとき、少しは有利に働くかもしれない。駅前の立地条件は抜群によい従来の街の本屋が次々に閉店していく時代である。大通りに面している店が繁盛するとは限らないのが本屋だ。飲食店の場合、十人の来店があれば、十人が食べたり飲んだりするわけだが、本屋はそうはいかない。十人の来店で本を買うのは二、三人なんていうことはざらにある。ただ、店を長く続けていけば、常連の数も増えていく。そんな常連の人たちが店の毎月の売上を支えてくれることになるので、常連らが通いやすい立地条件であることは、物件選びのひとつの目安になるだろう。

4　すこぶる評判の悪いのれん

本屋を開店するにあたり、準備するものと言えば、まずは本。次に本を収納する本棚。購入してもらった本を決済するためのレジ周辺の仕組み、釣り銭、本をお客さんに手渡すときに利用する紙袋各種、しおり、ブックカバー、ショップカード、ＤＭなどが挙げられる。これらの要素をひとつずつ吟味しながら、予算に応じてお金をかけるところとかけないところを決めていった。判断の基準にしたのは、お客さんが実際に手にするかどうかだ。安かろう、悪かろうのものは作りたくなかったし、できれば長く使ってもらえるようなものを作りたかった。その一方でレジ周辺の仕組みなど、お客さんが手にしないものは必要最低限の機能が備わっているものに留め、初期投資を抑えた。

しおりやブックカバー、ショップカードなどのアイテムは、葉々社という店を着飾るための洋服のようなものであると考えているので、本の魅力を損なわず、本に合った静かな佇まいのものにしたかった。薄いペラペラの紙ではなく、しっかりとした紙厚があり、何度も使ってもらえることを目標にして制作を開始した。デザインはデザイナーにお任せして、しおりやショップカードに印字する店のロゴマークは、版画作家の平岡瞳さんに依頼した。平岡さんが制作する版画作品には静かな風景のなかに温かさや優しさが込められている。彼女のことはインプレス在職中から注目しており、表参道のオーパギャラリーで初めて彼女の作品を見たときに心をつかまれてしまった。会社員時代は仕事を依頼する機会に恵まれなかったので、今回は何も迷うことなく彼女に制作をお願いした。店のロゴマークは、まさに店の顔ともいえるものなので、シンプルかつ上品で飽きのこない絵柄を希望した。彼女にはいくつかの案を作成してもらい、知り合いや友人からの意見も参考にしつつ、現在、運用している三枚の葉が重なり合うロゴマークを選んだ。版画ならではの優しい雰囲気が伝わる仕上がりでとても気に入っている。

しおりやショップカードにはロゴマーク、店名のほかにもうひとつ掲載すべき大事な情報がある。それが「考えるきっかけになる1冊を。」という言葉だ。この店が何を大事にしながら本を仕入れ、お客さんに届けるのか。その思いを言語化した。情報過多の現在、あらゆる場面で正解が求められ、すぐに、簡単に、最短距離で、答えにたどり着くことだけが正義であるように感じられる。その流れに抗いたい。本屋として少しでも抵抗したいという気持ちがある。会社員時代は、実用書を中心に本作りをしていた自分自身に対しての反面教師でもある。正解や答えなんかは見つからなくてもいい。考えることを放棄せず、考えることに向き合える本を売りたい。そんな気持ちを言葉に込めた。いまはこの言葉があるおかげで、流行に流されず、周囲の影響も受けず、ぶれることなく、本の仕入れを行うことができている。

暑苦しい話をしたので少しは涼しい話を。ロゴマークと店名、スローガンが決まったところで、新宿にあるEP印刷を訪ねた。特殊な印刷や加工に特化した台湾の印刷サービスを展開している会社で、インプレス在職中にショールームを見せてもらったことがあった。そのときに知り合った営業担当者の印象がよかったため、本屋を始める際には何かいっしょに製作できるといいなと考えていたのだ。結果的には、EP印刷にしおりとブックカバー、ショップカードの印刷を依頼することになる。

しおりは、デザインは一種類ながら、色数を豊富にそろえることにした。その数、実に十六色。派手な原色は採用せず、中間色を中心に淡い色彩の色で構成した。用紙はエ

こだわって作ったしおり

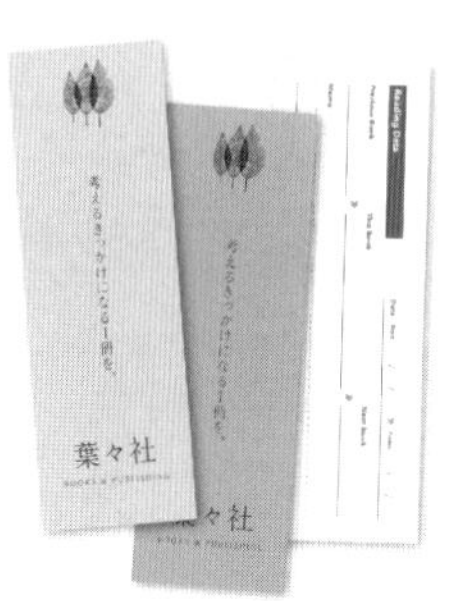

ムティーエープラス‐FSを選び、初回は四千枚作った。デザイン面の工夫として、しおりの裏面には、書名や読書後の感想、その本を読み始めた時期と読み終えた時期を書き込めるようにした。数年後に本棚からその本を抜き取ったとき、当時の自分がいつ、どんな気持ちでその本を読み終えたのかがわかるようにしたかったからだ。

ブックカバーの絵柄は、平岡さんに版画で制作してもらった。カバー全体に本と葉が交じり合うようなイメージで、本を優しく包み込んでくれる絵柄を希望した。用紙は手に馴染むもので、ある程度の厚みがあるものを探した。最終的には書籍の本文用紙に使われることもあるモンテシオンを選択し、大きさは文庫用と単行本用、色は黄緑色と紺色の二種類を準備した。初回は八千枚を印刷し、在庫としては十分な枚数を用意した。

ショップカードもしっかりとした厚みのある紙のなかから候補を探した。いろんな紙を提案してもらい、最終的に色数は二色にした。ライトグリーンの紙はボーデン、カリビアンブルーの紙はキーカラー、いずれも発色がよく、大人っぽい雰囲気が漂う上品な紙だ。この紙に活版印刷を施すことにした。初めての挑戦だったため、どんな仕上がりになるのか期待半分不安半分という気持ちだったが、商品が納品され、紙袋を破って実物を見た瞬間、「あー、コストをかけてよかった。お客さんに喜んでもらえそうや」と安堵したことを覚えている。

ＤＭは、長野県松本市に本社を構える藤原印刷に頼んだ。二〇二〇年、二子玉川で開催された本屋博で知り合った営業担当者と仕事をしたいとずっと思っていたので、今回またひとつの夢が叶ったというわけだ。彼はさまざまな疑問に丁寧に答えてくれて、こちらの要求のほかにもいくつかのパターンを提案してくれる。実に頼りになる存在だ。ＤＭの表面には平岡瞳さんの版画を、裏面には店名や営業時間、住所、地図などの基本的な情報を印刷した。版画のもとになる景色は、開店前の葉々社の店内を参考にしてもらったのだが、「さすがにプロは違うなー。本が並んでない状態の写真から、想像力だけでここまで忠実に店内を再現できるもんなんや」と驚いた。紙はアヴィオンＦハイホワイトを選択して、二千枚制作した。開店当初は、葉々社周辺の家々にポスティングをするつもりだったが、想像以上に素敵な仕上がりになったため、むやみやたらに玉を打つことはやめた。時間をかけてポストに投函したところで、破って捨てられるのがオチだと思ったからだ。それよりも葉々社に来てくれたお客さんにＤＭを託して、本好きの友人や知人、会社の同僚に配ってもらうほうが結果としては認知度が高まる気がしたのだ。

平岡瞳さんの版画が印刷されたDM

葉々社の入り口には緑色の大きなのれんがかかっている。本屋にのれん？　と不思議に思う方がいるかもしれない。入り口には二枚のガラス扉が付いていて、開店前の計画ではカッティングシートを利用して、店名や営業時間などの情報をお客さんに示すつもりだった。しかし、本棚に本を並べ、平台に本を積み、店内を客観的に眺めたとき、入り口付近の本に太陽光がばっちり当たることが判明した。確認したのは太陽の高度が低くなる冬の季節だったので、夏になると少しはましになるだろうと思ったものの、大切な本に直射日光が当たることは避けたい。そこから私ののれん探しの旅が始まる。のれんを作っている知り合いはいないので、まずはインターネットを検索。いくつかの専門業者に絞り、店のホームページがもっとも洗練されていた北海道の「みせがまえ本舗」に依頼することに決めた。雨に強く、遮光性の高い素材を選び、葉々社らしい緑色ののれんが完成したとき、季節は春を迎えようとしていた。私としては日焼けから本を守ることができて満足しているのだが、年配のお母さんたちの評判はすこぶる悪い。

ある日の会話。

「あんたの店、入りにくいわねー」

「どこが入りにくいですか？」

「店に入ると、何かを買わないと出られない気がする」
「それは店にとってはええことですね」
「ははは」

いちどや二度ではないこのような会話。もはや私の答えはテンプレート化している。

お客さんにとって入りにくいのは最初の一回だけだろう。そのハードルがとてつもなく高いということは認識しているが、いちど入店してもらえば、店内にどんな本が置いてあるのかはある程度理解できるだろうし、仮に本のラインアップを気に入ってもらえたなら、二度目以降の来店はハードルが下がる。お客さんを選別したいわけでもないのだが、本に馴染みがない人は、本を乱暴に扱うことがある。帯が豪快に破れていたり、本が元の場所に戻されていなかったり、本を見るときに最低限は守ってもらいたいことが守られないということがたまにある。そういう意味では、入り口にのれんがかかっていることで、本が本当に好きな人たちが訪れる場所になっているのではないかと思う。

店ののれん

5 本は「どこから」「何を」「いつ」仕入れる？

本の仕入れについては、「どこから」「何を」「いつ」仕入れるのかが問題になる。どこから仕入れるのがベストなのかは、開業する店の規模によるかもしれない。一般的に本屋と出版社のあいだには取次と呼ばれる本の問屋が存在する。日本における二大巨頭は、トーハンと日本出版販売（通称日販）である。これらのどちらかと契約が行えれば、国内で流通している本のほとんどが仕入れ可能となる。ただし、開業前に私が読んだ本やインターネット上の記事などの内容によると、契約にあたっては連帯保証人が必要であること、また信認金（取引保証のための担保のようなもの）を用意しなければならないことがわかった。私が勉強のために読んだ本には三百万円程度と書いてあった気がする。葉々社の場合、十坪程度の広さしかないため、何千冊もの本を一気にそろえる必要がなかったので、私はトーハンや日販と口座を開く道を模索することもなかった。その代わり、現在は小さな本屋と各出版社を結ぶ中小取次が数多く存在する。結論から述べれば、これらの取次と契約すれば、十分な量の本を仕入れることができる。

葉々社では六社の取次を活用している。利用頻度が高いのは「子どもの文化普及協会」「八木書店」「トランスビュー」であり、これら三社から仕入れられない出版社の本を「弘正堂図書販売」「鍬谷書店」「ＪＲＣ」から取り寄せている。なぜ、六社もの取次と契約を行う必要があるのかと言えば、それぞれの取次と契約している出版社が異なるからだ。たとえば、Ａ社の本を仕入れるとき、子どもの文化普及協会や八木書店からは仕入れられないけれど、弘正堂図書販売なら仕入れられるということがある。また、同じ出版社でも仕入れる際の掛け率が取次によって微妙に違う場合がある。その場合は原則的にはもっとも掛け率のよい取次から本を仕入れることにしている。本の販売はきわめて薄利なため、たとえ百円でも手元に残るお金が多くなるように工夫しているのだ。各取次はトーハンや日販のように何千社もの出版社と契約しているわけではないが、葉々社のような小さな本屋が本を仕入れるぶんには十分に機能する。本の注文も簡単で、専用サイトを使ったり、メールに注文書を添付したりすることで完了する。仕入れた本の入荷は、おおよそ週に一回。冊数がある程度まとまった時点で取次より発送してもらうのだが、発送のタイミングは取次の担当者と密に連携をしながら決めている（入荷冊数が少ない状況で発送してもらうと送料がもったいないため）。お客さんから注文を受けた場合は、二週間をひとつの目安にして届けられるように進めている。

もうひとつの仕入れ方法は、出版社と直取引を行うことだ。直取引が可能かどうかは、出版社に聞くしかない。ひとり出版社の場合は、ホームページなどに仕入れ条件が記載されていることが多い。中小の出版社は、東京・浅草で毎夏に開催されるブックマーケットや、東京・神保町で実施されるK-BOOKフェスティバルなどに足を運び、出版社の営業担当と知り合いになることで、取引条件を一社ずつ聞き出していった。何事も少しずつ前へ、である。本屋にとっての直取引のメリットは、仕入れ時の掛け率が取次を経由するときよりもよくなること。一般的には五〜十%程度向上する。たとえば、A社の本を取次経由で仕入れた場合の粗利が三十%だった場合、直取引を行うことで三十五%まで粗利を引き上げることが可能になる。また、出版社に注文後、スピーディーに出荷してもらえるため、納品までの時間を短縮できる。さらには出版社の営業担当と日々のダイレクトなやりとりを通じて、信頼関係を構築することができるので、サイン本の依頼や、展示スペースを利用したフェアの展開など、さまざまな相談を気軽に行える。小さな商いにおいて、商売相手の顔が見えているのは安心感につながり、楽しいものだ。このようにメリットが多い直取引だが、いくつか注意点がある。まず、直取引を行う際は各出版社によって条件が異なるため、直取引のほうが取次を経由するよりも手元にお金が残るのかどうか、きちんと吟味したほうがよいということ。具体的には最低注文冊数や送料、振込手数料などの諸経費を考慮しなければならない。特に大手出版社の場合、直取引のほうが取次経由よりも悪い条件を提示されることが多い。本屋にとっては何のメリットもないわけだが、それならば素直に直取引は行っていないと言われるほうが諦めもつく。大手出版社側からすると、少ない注文冊数に対して直取引を行う場合、手間ばかりが増えて煩わしいということなんだろうが、誰のための直取引なのかよくよく考えてもらいたい、といつも思っている。次に直取引の出版社が多くなればなるほど、処理すべき作業量が増えるということ。注文依頼や届いた荷物の仕分け、請求書の確認と振込みなど。先に挙げたメリットとデメリットを常に頭の片隅に置きながら、取次から仕入れるのか、直取引を選択するのかを使い分けるとよいだろう。

本を仕入れるときは委託か買切かを選ぶ。委託を選択した場合は返品が可能になるが、本を仕入れる際の掛け率が買切時よりも悪くなる。従来の街の本屋は粗利が二十二％程度（返品可の委託）と言われているが、葉々社の場合はほぼすべての仕入れを買切で行っているため、三十％の粗利を確保している。これまでいちども返品はしたことがない（フェアやイベント開催時を除く）。長く販売できる本を意識して仕入れを行っているし、返品時の送料が本屋持ちであることを考えると、それほど頻繁に返品することができないからだ。返品ができないというリスクを負う代わりに手元に残るお金が少しでも多くなるように工夫しているのである。

さて、「何を」仕入れるかについてだが、本屋を開業する前に明確に決めていたことがある。それは「ベストセラーは置かない」ということ。世間で売れているからという単純な理由で仕入れることはしない。仕入れた本が結果としてベストセラーになることは喜ばしいのでその限りではない。次に「流行に流されるような本は置かない」ということ。これは店に長く置いておくことができない商品だからだ。ヘイト本や差別本は言うまでもないが、人心を惑わすようなタイトルの本や、表紙があまりにもダサい本も置かない。これらはお客さんのためでもあるが、店内にもっとも長く滞在する自分自身のためでもある。そのうえで、人文・社会科学・自然科学、海外文学、詩・言葉、エッセイ、アート、デザイン書を中心に品ぞろえをすることにした。選書リストの作成には時間をかけた。出版社のホームページや刊行目録をはじめ、大型書店にも足繁く通った。仕入れた本をすべて読んだわけではないが、本屋で実際に手にとり、まえがきやあとがきを読んでから仕入れを決めた本も多い。新刊に対するこだわりは、それほど強くないため、新刊よりも情報が得られにくい既刊の掘り起こしに、より力を注いだように思う。大型書店はそれこそ宝の山であり、哲学の棚を丹念に見るだけでも数時間は必要になるが、未来のお客さんの顔を想像しながら、少しずつ選書リストに加えていく作業は至福のひとときでもあった。なかでも丸善・丸の内本店は、大好きな大型書店のひとつであり、選書が本当に素晴らしい。棚を見るのに疲れてきたら、カフェでちょっと一服して、また棚を見るということを繰り返していると、一日があっという間に終わる。場所柄よく訪問していた本屋がもう一店ある。駅ビルのなかに店を構える、くまざわ書店グランデュオ蒲田店だ。この店も選書がとてもよい。特にエスカレーターの脇にある人文・社会科学・自然科学の棚が素敵。気になる新刊が必ず面陳で置かれている。その先に設置されている平台にはひとり出版社から出た本もきちんと並べられており、書店員の方々が自分たちの売りたい本を自ら選んでいることがわかり、うれしい気持ちになる（選書の参考にさせてもらっています）。

開業前の選書リストは、およそ二千冊程度の本で埋め尽くされた。葉々社のスペースでいうと、五坪ほどの場所に配置する本の数だ。リストには書名のほか、著者名、出版社名、ISBNコード、税込価格を併記しておき、実際に本を仕入れる段階になったとき、出版社名でソートしたデータを用いて、一気に取次に注文していく。そのリストは開業後も本が売れるたびに再注文するとき、何度も利用することになるので、雑に作らずに、丁寧に作ることをオススメする。

最後の「いつ」仕入れを開始するのかという疑問については、葉々社の場合は、物件の工事が完了してから始めた。取次に大量の本を注文すると、数週間後にはまとまった数の段ボール箱が次々と店に到着することになる。事前に置く場所を確保しておくことはもちろん、本を並べる棚のスペースも用意しておかなければならない。棚のどの位置に、どのジャンルの本を並べるのか。お客さんの目線の移動や隣接するジャンルとの整合性などを考慮しつつ、届いた本をどんどん仕分けていく必要がある。私は書店経験がゼロなので、このあたりの知識は皆無であるが、お客さんが店内に入ってきたときに、はじめに見てもらいたい本を入り口付近に並べることにした。具体的には入店後、右側の棚に人文・社会科学系の本、左側の棚に韓国・台湾をはじめとする海外文学の本、正面にはそのとき、もっとも読んでもらいたい本を、新刊・既刊にこだわらずに配置している。そこさえ決めてしまえば、あとは横方向への流れを意識して、隣接するジャンルの本を選択すればよいのではないかと思う。いずれにせよ、最初に決めたことをずっと守り続ける必要はないし、店に来てくれるお客さんの希望や意見、動向などを注視しながら、臨機応変に対応していけばよい。それが簡単に行えるのがひとり本屋の強みでもあるのだから。

出版流通や取次について勉強したい人は、『HAB本と流通』(H・A・B)や『よくわかる出版流通の実務』(H・A・B)、『よくわかる出版流通のしくみ』(メディアパル)がオススメ。トランスビューについては『まっ直ぐに本を売る：ラディカルな出版「直取引」の方法』(苦楽堂)に詳しい。

6　棚を構成するもの

規模の大小を含めれば、星の数ほど存在する出版社。

それらの出版社から発行されている多数の本のなかから、葉々社の棚に並べても違和感のない本を日々、仕入れている。傾向としては、大手の出版社より中・小規模の出版社の本が多い。その理由は、出版社の規模が大きくなればなるほど、類書の数も増えてくるからだ。つまり、仕入れたいと思うような本が少ないのだ。その点、中・小規模の出版社が出す本はオンリーワンのものがわりと多い。個性があり、お客さんに案内してみたいという気持ちにさせてくれる。

葉々社の場合、新刊を並べている土間のスペースは五坪程度なので、じっくりと時間をかけて棚を眺めれば、すべての本をチェックできる。実際に初来店のお客さんが一、二時間、静かに棚を見ている姿を何度も目の当たりにしてきた（五秒程度で退店する人もいる)。蔵書数は、開店当時の二千冊程度から現在は二千五百冊程度まで増えたのではないかと思う。次から次へと読んでみたい本が登場するので、蔵書数が増えるのは仕方がないのである。

朝、開店前にすべての棚をひと通り確認する。平台に置かれた本の並びをきれいに整理し、棚に差された本のでこぼこを整える。帯を正しい位置に戻す作業もこのときに行う。毎日、棚を確認していると、前の日にどの本が手にとられたのかがわかる。棚差しの本よりも平台の本のほうがよく見られている。平台には基本、新刊を中心に並べているので、お客さんの興味・関心が、まずは新刊に向くのがその理由かもしれない。葉々社のお客さんは常連が多いため、いつ来ても同じ本が並んでいるというのは避けたいところだ。いつ来ても新たな本(既刊を含む)が少しずつ増えている状況が理想的で、それがお客さんの来店動機につながると思っている。お客さんの多くが葉々社のSNSを見てくれているので、Xやインスタグラムの DMを通じて、本の取り置きや予約注文が入ることもある。

仕入れの基準は、自分が読みたい本とお客さんに読んでもらいたい本だ。売れるから仕入れるということはしない。売れそうにない本を工夫して売っていくほうが商売としてはおもしろい。本屋は本を製作していないため、完成したものを仕入れるしかない。ただ、出版社が信頼できる会社であるかどうかも、本を仕入れるうえでは大事な判断基準になる。基本的に言葉を大切に扱っていないと感じる出版社には不信感を覚える。たとえば、ＳＮＳにおける新刊の告知や宣伝などに使われている言葉、タイトルや帯、自社のホームページに掲載されている紹介文など。本が有している存在以上の言葉をただただ大声で拡散しているようなモノを発行している出版社からは仕入れない。本を売るためなら何をしてもいいとは思っていないからだ。学生の頃は好きな本を手にとり、自由に読んでいただけで、その本を発行している出版社の情報などはまったく気にしたことがなかった。しかし、現在は立場が大きく変わった。本を売るからには、お客さんに対して、小さな責任感（のようなもの）がある、と感じている。

葉々社の棚を構成するものとして、核となる出版社を挙げてみたい（以下、順不同。思いつくままに列記する）。

はじめに頭に思い浮かぶのは、みすず書房。

次に筑摩書房と河出書房新社。そして、亜紀書房、晶文社、岩波書店、白水社、クオン、スイッチ・パブリッシング、青土社、国書刊行会、春秋社、創元社、現代書館、朝日出版社、明石書店、大月書店、築地書館、中央公論新社。

小規模出版社は、夏葉社、三輪舎、ナナロク社、百万年書房、書肆侃侃房、左右社、生きのびるブックス、ころから、共和国、雷鳥社、素粒社、エトセトラブックス、palmbooks、点滅社、港の人。


私にとって、みすず書房は学生時代から憧れの存在で、不動の四番である。読みたい本が山ほどあり、困る。みすず書房の場合は、お客さんに読んでもらいたいという気持ちよりも自分が読んでみたいという気持ちのほうが強い。すでに老後に読む本としては十分すぎるほどの在庫がある。知的好奇心を掻き立ててくれる本が多く、装丁はシンプルで美しく、本から発せられる声が小さい。近くに寄り、耳をそばだてないと聞こえないぐらいに小さい。でも、それがいい。身の丈以上に自分をアピールし、大きな声を発し続けているような表紙の本は、本屋に並べるだけで耳を塞ぎたくなる。

筑摩書房と河出書房新社も大事な出版社だ。多種多様な本がそろっており、バランスがよい。文庫などは筑摩と河出だけでいいのではないかと思うくらい、ラインアップが充実している。亜紀書房と晶文社も大好きな出版社である。海外文学書にも力を入れていて、葉々社としては頼りになる存在だ。

独立系書店と呼ばれるような、小さな本屋で大手の出版社の本しか並んでいない店を、私はこれまで見たことがないが、大手の本を仕入れなくても十分に棚は作れる。小さな本屋の棚は、その本屋を運営している店主の思考や理想が、程度の強弱こそあれ、反映されるものだろう。葉々社を訪れたお客さんからも「棚が濃いですね」「攻めたラインアップですね」と言われたことがある。褒められているのか、けなされているのか、よくわからないが、そういう判断を下すお客さんは、おおむね棚をじっくりと観察してくれているので、こちらとしてはありがたい。棚は見てもらわなければ、購入へとつながらないからだ。

開店当初は、いまよりもっと角が立っていたと思う。その理由は、お客さんと出会う前に選書をしていたからであり、言うなれば、独りよがりの選書だったということだ。初めて来店したお客さんが数カ月後に再訪してくれたとき、棚を見て「ずいぶん棚が丸くなりましたね」と言われたことがある。このときは、褒められていると思った。なぜなら、この数カ月のあいだに訪れてくれたお客さんの好みや傾向に合わせて、仕入れる本を微調整していたからだ。お客さんは棚をよく見ているなと感じる。「見ている」というよりは「見えている」といったほうが適切かもしれない。開店時の独りよがりの選書から、地域のお客さんに寄り添った選書へ。本屋の棚は日々進化するのだ。

たまに「この本は葉々社の棚には合わへんけど、自分が読んでみたいから仕入れてみよう」と思う本がある。そして、棚に並べて、しばらく様子を見る。その結果は、まったく売れない。売れる気配すらない。おそらく、その本から発せられる声が、ほかの本とは異なり、お客さんに聞こえていないからだと思う。本好きのお客さんが棚を見る目は、本当にすごいのである。

7　ギブ&ギブ

本屋を開業するにあたり、書店員の経験がない私は、小売の参考になりそうな本を見つけては手当たり次第に読んだ。そのなかでいまも大切にしている言葉が書かれていた本が『ゆっくり、いそげ』（大和書房）である。本書のサブタイトルは「カフェからはじめる人を手段化しない経済」。著者の影山知明さんは、一九七三年、東京・西国分寺生まれ。東京大学法学部卒業後、マッキンゼー・アンド・カンパニーを経て、ベンチャーキャピタルの創業に参画。二〇〇八年、生家がある西国分寺の地に「クルミドコーヒー」というカフェを開業した。

本書で描かれる舞台はカフェであり、本屋ではないのだが、「目の前にいるお客さんを大事にする」という意味においては共通する要素が多い。この手の本は一般的に理論ばかりが先行して、絵に描いた餅のように感じることがほとんどだが、本書はそうではない。影山さんとカフェスタッフが実際に汗をかきながら挑戦し、失敗し、それでも前を向きながらお客さんと丁寧に接してきた体験談が言語化されている。血の通った言葉だから心に響く。影山さんの言葉を借りれば、「未来に向けての仮説」が綴られているのだ。

本を仕入れてお客さんに売るという商売を考えたとき、「ギブから入るか」「テイクから入るか」、それが問題だ。影山さんは徹底してギブから入ることを日々実践している。

今という時代は、「時間と戦って」しまっていると述べた。
それでは、「時間を味方にして」生きるにはどうしたらいいのだろう？

一つには、人間関係をギブから始めること（支援する関係）はそれに寄与するだろう。こちらがギブをし、そのことを相手が覚えており、感謝までしてくれていたなら、それはいつか思いがけないお返しとなって還ってくる。そうしたことが未来に起こり得ると想像できることは、時間の経過を「楽しみ」なものにしてくれる。
反対に日常が「利用する関係」の連続だとすると、関係性は日々痩せ衰えていく。相手の気持ちが離れていくことが分かり、自分に困ったことが起こったとしても、その人はもう助けてくれない可能性が高い。そうした人間関係で埋め尽くされた人生は、常に不安感と背中合わせだ。

この文章に私は感銘を受けた。本屋を始めるとき、この言葉を実践してみようと心に決めたのだ。目先の利点ばかりにとらわれるのではなく、本屋を訪れてくれたお客さんに対しては、まず「ギブ」から入る。本屋として、人として、これまでに培ってきた経験や人脈など、すべてを含めてギブから入ることを粛々と実践する。短期的な見返りを求めず、長期的な信頼関係をお客さんと築くことを目標のひとつとした。

一年目は種まきの時期だった。来店客との会話のなかから、その人が好む本のジャンルや傾向を理解したり、丁寧な接客を続けることで注文をもらえるようになったり、葉々社を利用してもらう理由が少しずつ増えていった気がする。地中に根を張り、花が咲くまでにはそれなりの時間が必要になるが、三年目を迎えたいま、小さな花がいくつも咲き始めている。

いちど決めたことを静かに継続することは昔から得意なほうだったように思う。決めるまでにはあれこれと思考を巡らせ、時間がかかることもあるが、目標が定まったあとはそこに向かって必要な要素を洗い出し、順を追い、挑戦していくだけだ。「テイクから入る」と来店客数は多いが売上は悪い、長時間接客したのに一冊も買わないなど、ストレスを感じるシーンも増えるだろう。ただ、「ギブから入る」と短期的な見返りには期待をしなくなるので、ややもやする気持ちも減る（ように思う）。今日は一冊も買わなかったお客さんが、次回は二冊購入する可能性はゼロではないからだ。

「ギブから入る」感覚に対して違和感がないのは、私が学生時代に青春を捧げたバスケットボールの影響があるのではないかと思う。ご存じのとおり、バスケットボールは個人競技ではないので、必然的にチームのためにプレイしなければならない。ガードもフォワードもセンターもポジションを問わず、時には自らが犠牲となり、チームメイトに良好なシュートチャンスをつくりだすようなシーンがある。この行為はまさに「ギブから入る」ことにほかならない。選手それぞれが「ギブから入る」ことを徹底することで、結果としてはチームが強くなることにつながる。自らの献身的なプレイによってチームに笑顔が増える。本屋の営業もそれと同様であるとはいえないだろうか。

不思議なもので、日々の感情はちょっとした心もちによって劇的に変わる。天気のよい週末に期待したほどの売上が上がらなかった日はがっかりするし、平日に意外な来店が続き週末並みの売上になった日はうれしいものだ。私はこの「がっかり」と「うれしい」の幅をできるだけ小さくしていきたいと思っている。この幅が大きいと毎日の生活に疲れてしまうからだ。ジェットコースターのようなアップダウンが激しい日々は、商売を続けていくうえで心も体も確実に疲弊していく。では、どうすれば自分自身の心と体を守ることができるのか。私が長らく実践していることは、物事すべてをネガティブに考えるということだ。周囲に期待しないと言い換えてもいい。自分の身の丈以上の期待をするからがっかりするわけで、自分の実力を最初から低く見積もっておけば、がっかりする場合も最小限のがっかりで済む。この考え方を前提条件にしてしまえば、大概のネガティブな結果は想定内になる（あくまで私の場合）。デジタルカメラマガジンで編集者として働いていたときは、ロケ日の天気が晴れ予報だったとしても雨になった場合の次のプランを用意していたし、原稿の締め切りをまったく守らない著者に対しては、その人にだけ異なる締め切り日を伝えたりもした。ネガティブな結果に陥ったとき、Aプランだけではなく、Bプラン、Cプランまでを用意しておくと、直前になって慌てることもない。人は想定外の事象が続くとやりきれない気持ちになり、心がすさんでいくものだと仮定するならば、突然のアクシデントも含めて、すべてを想定内にしてしまえばよい。

周囲に期待しないぶん、自分自身には期待している。自分自身と闘っていると言ってもいいかもしれない。もうひとりの客観的な自分に対して毎日問うている。お客さんに喜んでもらうには何をすればよいのか、現状何が不足しているのか、オンラインストアから本を購入してくれているお客さんともっとコミュニケーションをとるにはどうすればいいのか、本屋として地域の人々に何を提供できるのか。自分ひとりで答えが見つからないときは副店主である妻や常連に話を聞いてもらうこともあるが、基本は自問自答が多い。今日より明日、明日より明後日のほうがよい店になっているはずだと信じて毎日仕事をしているし、実際、一年目よりは二年目、二年目よりは三年目のほうが本屋としての幅(のようなもの)が出てきていると感じている。出版社で会社員をしていた頃は、最後まで手に入れることができなかった裁量権という名の大きな権利。いまはこの権利が自分の手のなかにある。お客さんのために、ギブを続けるために、試行錯誤の日々は続く。

◆1　影山知明『ゆっくり、いそげ』大和書房、二〇一五、二三八頁

第2章　半径五十センチを幸せにする仕事

8　待つということ

本屋は待つ時間が長い。お客さんが来るまで待つ。本を購入してくれるまで待つ。店に本が届くまで待つ。行動の主導権がこちら側にないとき、動きは受動的になり、待つ時間が長くなる。八百屋や魚屋のように店先に立ち、仕入れたばかりの野菜や魚の新鮮さをアピールして商品を売るスタイルの商売ではないため、どうしても対応が後手に回りがちだ。いっそのこと、頭にねじり鉢巻きでもして「いい本入ったよー。お買い得だよー」と道を歩く人々に向けて、本の宣伝をしてみたらどうかと思ったこともあるが、まだいちどもチャレンジしていない。待つことが苦手な人は、本屋の店主に向いていないのではないかと思うくらいに待つ。とことん待った結果、お客さんがゼロ人だったこともある。待つことに飽きてくると小上がりで体操をする。気分転換のために歌を歌う。疲れ果てているときはバックヤードから枕を取り出して小上がりで少し横になる。ほんの少し目をつむるつもりだったのにがっつり寝てしまったことも、まあ何度かはある。待っているあいだは店内にいるのは私ひとりのみだが、孤独を感じることはない。静かな時間が流れるように過ぎ去り、時折、道行く学生たちのはしゃいだ声がのれんの向こう側から聞こえたり、近所のマンションのベランダからふとんを叩く音が耳に響いてきたりする。人は孤独になりたいから本を読むのか、または孤独だから本を読むのか。物音ひとつしない時間帯が長く続くと、そんな疑問がふと胸をよぎることもある。

元来、待つこと自体は嫌いではない。

むしろ、待たせるよりは待つほうが好きかもしれない。ただ、本屋の数ある業務を考えた場合、できるかぎり、能動的に動ける、こちらが主体的にコントロール可能な仕事を増やしていったほうがよいことは明らかだ。

何をすれば、いまよりもっと多くのお客さんに来店してもらえるのか。考えない日はない。毎日考えている。開店後、三年近くの時間が経過した現在でも葉々社のことを知らない人は多いだろう。そんな人たちにどうすれば店の存在を伝えることができるのか。新聞や雑誌に取り上げてもらう、近隣にチラシを配布する、口コミを活用する、イベントを行うなど、それらの方法はさまざま考えられるが、ここにもすでに受動的な方法が身を潜めている。

お客さんが本を購入したいと思ったとき、本屋は何ができるだろうか。お客さんが読みたい本が棚に並んでいるということは大事な点ではあるが、それがすべてではない。なぜなら、私がお客さんに読んでもらいたいと思っている本や売りたい本も、たくさん仕入れているからだ。蔵書数が三千冊にも満たない葉々社の場合、「○○さんの○○って本はある?」と質問をされて、「あります!」と答えることはほぼない。お客さんの興味の幅は、こちらの想像を簡単に超えてくるものだ。その代わり、時間はかかるが注文を受けることはできることを伝えると、半分程度の人たちはその場で注文してくれる。いまでは常時、二十~三十冊程度の注文をもらっている。店頭だけではなく、メールや公式LINEアカウント、Xやインスタグラムのを通じて、日々、取り寄せの依頼を受ける。オンラインショッピング全盛の時代、本当にありがたいことだと感謝している。

葉々社の常連たちは、私よりも棚に並んでいる本について詳しい。そういう人たちは、本を指名買いすることはあまりなくて、そのとき、店に置いてある本のなかから、その日、心の琴線に触れた本を買っていくことが多い。いつも柔らかい笑みをたたえながら来店してくれるYAさんは、自然科学系の本が大好きだ。菌類や毒、生物に関する本をよく読まれるのだが、ある日こんなことを言われた。「今日は胸がときめかなかったので帰るわね」と。年齢は聞いたことがないのだが、おそらく七十代。こんなかわいらしいことを言われると、私の心がときめいてしまう。

お客さんによっては、この本を読み終えたあとは、次にこの本を読んでみようと、決めている人が多いかもしれない。お客さんがお客さんに本をオススメしているシーンも時折見かける。そんなときは心が少し和む。本屋は私のものでもあり、お客さんのものでもある。もちろん、店を訪れるのは常連ばかりではないため、「仕事にまったく関係のない本を読みたい」「文字がぎっしり詰まってなくて、適度な余白のある本を読みたい」など、お客さんの要望を聞いて、こちらから提案することもある。うまく提案できなかったと反省することのほうが多いが、顔が見えている相手と少しの会話を重ねながら、本をオススメすることは何ものにも代えがたい喜びだ。

出版社に勤務していた頃もできるだけ能動的に仕事を行いたいと思っていた。編集者は裏方の仕事が多く、オーケストラでいうと指揮者のような役割を果たす。ひとりの力だけでは、本作りは行えない。デザインを仕上げるわけでも写真を撮影するわけでもない。原稿も基本的には書かない。では、何をしているのか。著者やデザイナー、イラストレーターら、一冊の本にかかわっている人たちのあいだに入り、みんなが同じゴールにたどり着けるように指揮棒を振っているのである。誤った方向へと進んでいかないように気をつけながら。おのずと仕事とのかかわり方は能動的になる。メールで進捗を報告し、電話で疑問点を共有し、必要ならば直接会って問題を解決する。できるかぎり、こちらから働きかける。もちろん、状況によっては待つ時間が大切になることもあるが、私の仕事への取り組み方は、このようにして形づくられていった。

9　能動的に待つことを楽しむ

元来、待つこと自体は嫌いではない、と先に書いた。なぜ、嫌いではないのかというと、いつも傍らに本があったからだ。外に出かけるときには必ず一冊、カバンに本を忍ばせた。たまに忘れたときは駅の売店で読みたくもない本を買ったこともある。カバンのなかに一冊の本があるという安心感。この気持ちは何だろう。幼い頃、指しゃぶりをしながらタオルケットの端の少し硬くなった縫い目の部分を指で触っていた感覚に似ているかもしれない。安心感を得たいと思ったとき、そこにそれが紛れもなく存在すること。この事実こそが私を待つ時間から解放してくれる。

毎回、本を持ち歩いたからといって、毎回ページをめくるわけでもない。目的地へと向かうあいだはエネルギーが十分にあるので、本を読む気持ちも充実しているが、帰り道はそうはいかない。疲れ切っているときは本を開く気持ちすら起きない。また、今日一日、どの本をお供にしようかと頭を悩ませるのも楽しい。読みかけの本を持っていくのか、はたまた一ページも読んでいない本を持っていくのか、急いでいるときは積み上がった本のいちばん上に置いてあった一冊を手にとることもある。洋服選びほどに迷うことはないし、カバンのなかに忍ばせている本のおかげでダサい認定されることもない。本は最高ではないか。

待ち合わせ場所にはだいたい予定より早く着く。もともと約束の時間の十五分くらい前には到着するように家を出るのだが、その時間よりも一本早い電車に乗ることが多く、結果として目的地には約束の時間の三十分くらい前には着いてしまう。でも私のそばには本があるので何も困らない。本をまったく読まない人はどうやって時間を過ごしているのだろうかとたまに思う。ここぞとばかりにスマホをいじくり倒しているのだろうか。本はいい。仮に待ち合わせ場所がサラリーマンのメッカ、右も左もおっさんだらけの新橋駅前であったとしても、本のなかにひとたび没入することができれば、時代も国境も軽やかに越えて、心は自由に羽ばたいていける。友だちから何の連絡もなく、待ち合わせ場所に一時間遅れてきたとしてもまったく問題ない。むしろ本を読む時間をつくってくれてありがとうと言いたいぐらいだ。もつべきものは友である。

10　一冊を大切に売る

一年間の新刊発行点数が七万点とも八万点とも言われる現在、小さな本屋でそのすべてを取り扱うことはできない。厳選に厳選を重ねて、店に並べる本を仕入れている。店の中核をなすのは、人文・社会科学・自然科学、海外文学、エッセイ、詩、短歌、言葉に関する本で、信頼している出版社や著者の新刊は、ホームページやSNSを定期的にチェックして情報を得ている。ブックイベントなどで知り合った出版社の営業担当者に紙の新刊案内を送ってもらうこともある。もちろん、大型書店にも足繁く通う。新刊の確認と既刊の掘り起こしを行うためには欠かせない大事な存在だ。

膨大な情報の海に一歩足を踏み入れると、意識して注意しないと溺れそうになる。毎日毎日数百冊も発売される新刊のなかから、葉々社が仕入れるべき本を見極めるのは骨が折れる。けど、それが楽しい。自分が読んでみたい本、お客さんに読んでもらいたい本、お客さんが好きそうな本が見つかったときは迷わずに仕入れる。開店当初は鼻息荒く、より多くの情報に接することで、より有益な情報が手に入ると信じていた。それがお客さんのためになると。しかし、その方法では商売として長続きしないことがわかってきた。日々発信される情報があまりにも多すぎるのだ。細かい仕事が無数に存在する本屋業において、新刊と既刊のチェックにかけられる一日の時間は限定される。一時間なら一時間、二時間なら二時間と、自分なりに線引きをしておかないときりがないのである。本屋の売場面積が限られている以上、陳列可能な本の冊数も当然限られるわけだが、二〇二三年一月からはひとつの試みとして「選択と集中」を行うことにした。

具体的に何をやったのかというと、新刊・既刊を問わず、自分が読んだ本のなかから強くお客さんにオススメしたい一冊を決めたうえで、一年間という長い時間をかけて売ることにしたのだ。二〇二三年は、『パトリックと本を読む　絶望から立ち上がるための読書会』（白水社）（以下、『パトリック』）、二〇二四年は、『手話を生きる　少数言語が多数派日本語と出会うところで』（みすず書房）（以下、『手話を生きる』）を選んだ。

前者は、台湾系アメリカ人のミシェル・クオが執筆したノンフィクション。物語の舞台はアメリカの南部、アーカンソー州の最貧地域にある学校だ。ハーバード大学を卒業した著者は、ロースクールに入学する前、この学校で二年間、ボランティアの教師として働くことを決める。読書を通じて学ぶことの素晴らしさを生徒たちに伝えたい彼女だったが、さまざまな難関が立ちはだかる。生徒たちは夢をもつことをとうの昔に諦め、教師も同様に教えることを放棄している。劣悪な環境のなか、きらりと光る才能を見せた黒人青年パトリックとの交流を続けるうちにミシェル自身も悩み、葛藤し、進むべき方向を模索していく。人はひとりでは生きられない。特に、経験に乏しい若者ならなおのことだ。本書から私が受け取ったメッセージは、若者にはメンターのような存在が必要だということ。周囲に頼れる人が誰もいない状態だと、人は孤立し、自分自身の殻のなかに閉じこもってしまうだろう。ミシェルとパトリックの出会いは偶然だったが、パトリックはミシェルがともす小さな明かりを逃すことなく発見することができた。地域で生きる本屋として、この街で暮らすお客さんに何ができるのかを考えるきっかけになる一冊だった。

後者の舞台は明晴《めいせい》学園。二〇〇八年、東京都品川区に開校された私立のろう学校だ。長年にわたり、報道の最前線を取材してきた著者の斉藤道雄が、明晴学園を通して見えてくる、音声を介さない手話言語がもつ豊かな世界を丁寧に読者に伝える。本書を読むまでは手話の世界がどのようなものなのか、その全体像を把握できていなかったのだが、読み終えたあとでは目の前の視界がいくぶんクリアになった。本書で語られるのは、これまで国内で行われてきたろう教育の歴史や、言語学から見た手話の立ち位置、そして何よりも心に強く突き刺さったのはろう児やその両親たちが乗り越えてきた長くて険しい道のりだ。「手話は言語である」という認識が浸透していくなかにおいても、ろう教育に携わっている人、またはろう児に言葉を教えている人々の多くが、「手話＝言語である」という事実に対して、誤解と偏見を抱いている。ある聴覚障害児施設の理事長は、著者にこんなことを言った。「手話なんてものを使っていたらあなた、動物とおなじになってしまうんですよ[◆1]」

この言葉には日本語が手話よりも優れた言語である、と考えていることが透けてみえる。

少し長いが私が感銘を受けた文章を引用したい。

> あなたは、そのままでいい。
> ろうのままでいい。聴にならなくてもいい。
> 聞こえないということは、ことさら認識し、受容し、克服しなければならない障害ではない。あなたは聴の子とおなじように学び、よろこび、悲しみ、育つことが

できる。

明晴学園は、ろう児をそのように育てたいと設立されたろう学校だった。

そのような学校をこの社会にもたらしたのは、いくつかの偶然と、幸運と、ろう者の熱意、そしてろう児の親たちの懸命な思いだった。けれど、すべての礎となってこの学校を可能にしたのは、手話という言語だった。

手話という言語が存在することによって、ろう児はろう児として育ち、学び、社会に参加することができる。手話という言語があるから、聞こえないことは障害というよりむしろ少数派なのだといえるようになった。手話という言語のおかげで、私たちはろう児に、あなたはそのままでいいといえる。[◆2]

もし、障害に興味をもたれた方がいるなら、『サイボーグになる』（岩波書店）を併読することをオススメする。

この二冊は、店内の目立つ位置に本を陳列したり、本の魅力を伝えるためのＰＯＰを付けたり、お客さんにオススメの本を聞かれた場合に提案したりして、年間を通じてアピールし続けた。その結果、『パトリック』は二十冊、『手話を生きる』は四冊販売することができた。

葉々社における新たな取り組みは、自分としてはある種の社会実験のようなものだと感じていて、うまくいくかどうかはわからない。ただ、新しいことに何のちゅうちょもなく飛び込んでいけることが、ひとり本屋のいいところだし、仮に結果が出なかったとしても、誰かに叱られるわけでもない。実に気軽な立場なのである。思ったような結果が得られなかったときは、何が問題だったのかを分析して次回の企画に生かせばいいだけだ。二度と実施しないという選択肢もあるだろう。お客さんのなかには「『パトリック』は葉々社で買おうと思っていた」とレジで声をかけてもらうこともあり、そういうときは素直にうれしい。思わず顔がにやけていたかもしれない。こちらが投げたボールをしっかりとキャッチしてもらった気持ちになる。

新刊は短命だ。平台から棚差しへ。棚差しから返品へ。売れていない本は、坂道を転げ落ちるように、どんどんステージが下がっていき、気づいたときには手に入らなくなる。たとえ、良書であったとしても、だ。一軍が出演するステージに出続けるためには売れなければならない。ＰＯＳレジが主流のいま、一軍に残れるか残れないかは数字で判断される。数字は雄弁だろう。誰がどのような見方をしても結果がひっくり返ることはない。ゼロはゼロだし、百は百である。私はゼロだけど良書を探したい。一冊ずつ自ら読む必要があるため、たくさんの本は発掘できないかもしれないけれど、時間をかけて葉々社の一軍にふさわしい本を見つけたい。

売れていないから良書ではないとは言えない。では、良書なら売れるのかと言われればそうとも言えない。私が考える良書はそもそも主観でしかないわけだが、本を読んだ人のそばに長いあいだ寄り添えるような本が良書であると思っている。流行に流されず、十年先でも読むに値する内容をもち、息の長い本。前述したように現在の出版業界は、刊行点数が多すぎるため、本屋におけるポジション争いも熾烈を極める。いい場所に置いてもらえる期間は一瞬である。いまよりもう少し刊行点数を少なくして一点にかける宣伝や告知の時間を長く設けることはできないのだろうか。現状のままだと、本が単なる消費物となり、旅先の交差点で一瞬すれ違った見ず知らずの人のような存在になり、短い会話を交わすこともなく、ただ右から左へと通り過ぎていってしまうのではないか。そんな危機感をもっている。良書は売れてほしい。発売からそれほど時間が経過していないのに版元「品切・重版未定」になってほしくない。そのために今日も私は本を読む。

◆1　斉藤道雄『手話を生きる　少数言語が多数派日本語と出会うところで』みすず書房、二〇一九、六六頁
◆2　斉藤道雄『手話を生きる　少数言語が多数派日本語と出会うところで』みすず書房、二〇一九、九頁

11　適切な情報量

日々、生活をしていると、目で、耳で、膨大な量の情報をキャッチして処理している。そのほとんどは記憶に残ることもなく、ただ、右から左へと流れていくだけだ。テレビやラジオ、新聞、雑誌、ＳＮＳを通じて、数多くの情報に囲まれている現代人にとって、適切な情報量とはいったいどのくらいなのかを考える。

本が入荷したときのお知らせ、オススメしたい本の紹介、イベントの告知など、葉々社でもＳＮＳを活用して、そのつどお客さんに案内をしている。本好きなお客さんは葉々社以外にもたくさんの本屋をフォローしていたり、応援していたりする。もちろん、こちらから発信した内容のすべてを、お客さんが確認しているわけではないだろうが、それにしても過剰な量の情報発信は避けたいところだ。

なぜ、情報を発信しているのかというと、本を買ってもらいたいからだが、そもそもお客さんは情報を求めているのだろうか。情報にあふれたこの時代、本の情報が入り込む余地はあるのだろうか。悩む。本屋としての葉々社の理想形は、並べた本が静かに売れていくこと。帯やカバーにはすでにこれでもかというくらいの情報が記載されている。書名、サブタイトル、キャッチ、そしてリード。お客さんはそれらの文章を一読することで、その本が何について書かれていて、どんな内容なのか、おおよそ把握することができる。出版社の編集担当が時間をかけて紡いだそれらの言葉以上の情報が果たして必要だろうか。いまは、並べているだけでは本が売れないと言われる。たしかにそのとおりかもしれない。ただ、本を売るためだけにどんどん声が大きくなっていくと、お客さんはむしろ耳を塞いでしまうのではないかとも思う。

葉々社ではリアルな場所としての本屋だけではなく、オンラインストアも運営している。オンラインストアにおいても全国各地に常連がいて、定期的に利用してもらっている。オンラインストアもリアルな本屋も販売における考え方は同じで、適切な情報量は常に頭の片隅に置いている。本を買ってもらうために、お客さんをあおりたくないし、プレッシャーも与えたくない。オンラインストアの目標もただ静かに本が売れていくことだ。

ヨーロッパやアメリカ、韓国、インドなどでは規制が強化されはじめている、Webサイトやアプリのダークパターン問題。日本国内では包括的な規制は開始されていないものの、オンラインストア運営者は知っておくべき課題である。

以下、消費者庁のホームページより引用。

ダークパターンは、一般的に、消費者が気付かない間に不利な判断・意思決定をしてしまうよう誘導する仕組みのウェブデザインなどを指すとされています。ダークパターンの行為類型は多岐にわたると考えられるところ、例えば、「残り○分」などと、あたかもその後の短期間のみに適用されるお得な取引条件であるかのように表示しているが、実際には当該期間経過後も同じ条件が適用されるもの、サブスクリプションの登録後、解約方法を一般消費者に対して不明瞭とすることで購入者の契約の解除権の行使を困難とするものなどは、ダークパターンに該当すると指摘されています。

ダークパターンの分類

①強制
特定の機能にアクセスするために、消費者にユーザー登録や個人情報の開示を強要するなどの強制的な行為。

②インターフェース干渉
デフォルトで事業者に有利な選択肢を事前に選択する、視覚的に目立たせるなど。

③執拗な繰り返し（ナギング）
通知や位置情報の取得など、事業者に都合の良い設定に変えるように何度も要求する。

④妨害
解約や、プライバシーに配慮した設定に戻すことなどへの妨害行為。

⑤こっそり（スニーキング）
取引の最終段階で金額を追加する、試用期間後に自動的に定期購入に移行するなど。

⑥社会的証明
虚偽の推奨表現、過去の購買実績を最近の実績のように通知するなど。

⑦緊急性
カウントダウンタイマー、在庫僅少の表示など。

規制が強化されはじめている世界の各国においては、前述したような項目に該当するWebサイトやアプリが発見された場合、罰金則や行政指導が入るのだろうと思われる。

前述した各項目を葉々社の営業に置き換えたとき、どの項目に注意が必要になるか。トークイベント等の募集を行う際に不必要な個人情報を取得していないか、公開している数字は正確か、商品のキャンセルは簡単に行えるか、ひとりで事業を運営しているからこそ、事前のチェックが重要になる。現状、葉々社のオンラインストアは、STORESのプラットフォームを利用しているのだが、在庫数が表示されることが少し気になっている。たとえば、在庫数が「残り一点」と表示されていれば、お客さんの気持ちをあおっていることにならないだろうか。お客さんが必要か不必要か正確な判断を下す前に、「残り一点」だから購入したとなると申し訳ない気持ちになる。あせらせてすいません、と。

言葉の集合体である本を商品として扱っているからこそ、ちょっとした日常の言葉にも気を配りたい。SNSをはじめ、あちらこちらで日々目にする、「お早めに！」「本日限り！」「残りあとわずか！」などの言葉。何だかもやもやする。果物やスイーツのような賞味期限が存在する商品なら、多少のあおり文句は必要だろうが（廃棄するよりはいい）、本はそうではない。賞味期限が存在しない商品に「お早めに！」「本日限り！」「残りあとわずか！」などの言葉は似合わない。「売れてます！」という言葉も、帯に「〇万部突破！」という言葉が踊っているのも同様にもやもやする。これらは誰のための言葉なのか。私なんかは「だから何？」と思ってしまう。イベントや展示の告知をＳＮＳで行うときも「ぜひ」という言葉を使うかどうかで迷う。「ぜひ、お越しください」と書くか、「お越しください」と書くか。「ぜひ」という二文字がお客さんの心をあおることにつながっていないか（現状、推薦の気持ちが強く現れているということで、「ぜひ」は利用することが多い）。誰もそんな小さなことは気にしていないかもしれないが、私自身はとても気にしている。

世の中にあふれる言葉の重量がますます軽くなっていく時代、自分自身が発する言葉にきちんと向き合い、お客さんに信用してもらえるよう、誠実な商売を続けていきたい。

12　世代を超えて

たまに雑誌や新聞の取材を受けると客層について聞かれる。大田区の人口は、約七十四万人（二〇二四年七月一日現在）で、男性が約三十七万人、女性も三十七万人。葉々社がある大森西地区は、男性が千三百人、女性が千二百人、ほぼ同数の人たちが暮らしている。近所には昔ながらの小売店が軒を連ねる、にぎわいのある商店街のほかにスーパーもある。下町風情が残る街だ。

葉々社を訪れるお客さんは、男女比においては、4：6、もしくは4.5：5.5程度の差で、少し女性客が多いように感じる。年齢は直接聞いたことのある人たちばかりではないことを前提に、二十代から八十代までと幅広い。ある特定の世代だけが数多く訪問する店ではないし、若者もしくは高齢者ばかりが集まる店でもない。差別やジェンダー、障害、戦争のほか社会問題を扱う本が多いことを除けば、詩や短歌、文学、エッセイ、言葉、自然科学、デザイン、料理など、棚に並んでいる本のジャンルはそれなりに網羅している。どの世代のお客さんが来店してくれたとしても、読んでみたいと思える本が一冊はあるといいなと思いながら仕入れを行っている。「若者たちは本を読まない」というステレオタイプの言説は、葉々社に関して言えば、いまのところ当てはまらない。言い換えれば、「読まない」のではなく、「読みたい本が（その本屋には）ない」のではないかとすら思う。

悩みを抱えた若者たちもそれなりの頻度で店に来る。若いということはただそれだけでも素晴らしいと、五十歳を超えた私なんかは単純に思うわけだが、当の本人はそうではない。悩みの種はおもに仕事に関することが多いが、人生の経験値が少ないために解決策のバリエーションもまた少ない。

二〇二三年三月、岐阜から東京に出てきた若者との出会いがあった。ラノベ作家をしているという。すでに単著も出版していた彼は、岐阜に留まっているだけではなかなか得ることができないチャンスを求めて、一念発起して東京にやってきたのである。原稿執筆に関して具体的なアドバイスを贈る立場ではないが、店に来るたびにいろんな話をして、徐々に関係性が深まっていった。葉々社のお客さんは、私との距離感の取り方が上手な人たちが多いので、ベタベタした関係性でもなく、かといってドライすぎない、程よい距離感で商売が行えていてありがたい。この若者も葉々社の常連客と少しずつ顔見知りになり、店を離れたところで食事をともにするまでになった。そのときは蒲田の駅ビルの屋上にあるビアホールで夕食をとったらしく、二十代の若者と四十代、六十代の常連三人でビールを飲んだということをあとから聞いた。本屋を媒介に世代を超えて、人と人がつながる瞬間を目の当たりにして、ちょっと微笑ましかった。自宅でもなく、職場でもなく、第三の場所で利害関係のない人たちと、気軽に何でも話せる時間が人間には必要だと思っているからだ。話を聞いてくれる人が身近に存在するというだけで、人は大切なタオルケットを手に入れたような気持ちにならないだろうか。

「いらっしゃいませ」
「こんばんはー」
「おー、今日はどうしたん？」

短い髪がよく似合うYさん（三十代）が夜遅めの時間に店に来た。「何か用事でもあったの？」

と聞くと、「Sさん（六十代）とお茶してました」という。このふたりは、葉々社の常連が運営している読書会に参加してくれているお客さんで、毎月、分室で開催している「本とおやつ」の参加者でもある。私もよく知っている常連だ。Yさんとの出会いは、葉々社のオンラインストアで、読書会などのイベントに合わせて店にも頻繁に足を運んでくれている。Sさんは長年ベルギーで暮らしていたが、母親のケアのために帰国。自宅を中心に五百メートル圏内に自らの文化圏を構築するのが常らしく、近所にある本屋を調べていたときに葉々社を発見。以降、旺盛な読書欲と知的好奇心を満たすために葉々社を利用してもらっている。「馬が合うんやね」とYさんに聞くと、「そうですね。話していて楽しい」という。なるほど。話していて楽しいのは重要だ。会社勤めをしていると日常的に付き合う人たちの年齢はどうしても近くなる。私も会社員のときはそうだった。親ほどの年歳差がある人たちは、直属の上司ではなく、役員だったりもする。ある程度は仕方のないことだと思うが、同じ属性の人たちばかりで話をしていては思考も停止してしまうのではないか。そういう意味において、母と子ほど年齢が離れたふたりが、実際には母と子ではなく、葉々社を離れた場所でお茶をして、会話を楽しんでいるということに本屋として小さな幸せを感じる。

こんな出来事もあった。

開店以来ずっと本を買ってくれている高齢の女性がパタッと店に来なくなった。これまでは週に一回程度、店を訪れ、本について話をさせてもらっていたのだが、数カ月時間があいたのだ。体調のことが心配になった私は、彼女と私だけが理解できるキーワードを散りばめたうえで、SNSにメッセージを掲載した。「最近、店にお見えになりませんが、どうかされましたか?」というような内容だったと思う。次の日、彼女から店に電話がかかってきた。軽い脳梗塞を患い、現在も療養中だと。ずいぶんよくなってきているものの、まだ本を読む気力はないということだった。人生は明日、何が起こるのかわからない。わからないからおもしろいのだろうし、不安な気持ちに心が支配されることもある。本屋としてはお客さんに読書を楽しんでもらう環境を整えることが大切だが、それ以外にもっとできることがあるのではないかと思っている。彼女はエレファントカシマシの大ファンで、本以外にもいろいろな話をした。その後は順調に回復して、店にも通い続けてくれている。

葉々社を通じて、知人・友人になった人たちがいる一方、私にも友人と言えるお客さんができた。大学卒業後、大阪から東京に出てきて早二十八年。たまに飲みに行くような関係の人間は三人しかいない。いずれも前々職の後輩だ。もともとひとりで行動するほうが好きで、大人数で群れるのが嫌いなので、友人は量よりも質を重視してきた。気心の知れた友人は二、三人いれば十分だ。出版社を辞めてからあらためて感じるのは、仕事の延長線上にある存在の人たちとは、あまり深い仲にはならなかったということだ。なぜなのかはよくわからない。仕事を離れた場所で、仕事関係の人たちと仕事の話をするのがいやだったのかもしれない。とにかく本屋を始めてからは、気軽に夕食をともにしたり、旅をしたりする友人ができた。彼ら・彼女らと同じ時間を共有するのが苦にならないのは、本屋がある意味において自分にとっては仕事ではないからなのかもしれない。

13　出張本屋

二〇二三年一月十六日より出張本屋という名の取り組みを開始した。葉々社から歩いて五分ほどの場所にある東邦大学医療センター大森病院内の「からだのとしょしつ」に本を持ち込み、入院患者や病院職員を対象にして本の販売を行っている。この病院は高度先進医療を提供しながら、地域の基幹病院としての役割も果たしている巨大な病院だ。詩人の茨木のり子は、東邦大学薬学部の前身である帝国女子医学薬学専門学校の薬学科出身で、第二次世界大戦のまっただなかだった一九四三年に薬学科に入学している。

これまで本書でも触れてきたように、本はただ店に並べているだけでは売れない（少なくとも私の店ではそうだ）。特に平日の売上不足をカバーするために何かしらの策を講じる必要があると、一年目の営業の途中で強く思った。本を売るという行為自体は一見すると不特定多数を相手にしているように見えるが、実際のところは特定少数に対して、それもきわめて狭い範囲を対象にしているように感じる。つまり、本を売るときは特定の、具体的な誰かに向けて商売をしているということだ。このことをおろそかにすると、あらゆる企画はいったい誰のためのものなのかがわからなくなる。

平日にお客さんが来ないなら、本を求めている人がいる場所にこちらから出向いていけばいいのではないか。出張本屋の企画を思いついたのはそんな考え方がベースにある。では、本を求めている人たちはどこに存在するのか。まず、はじめに頭に浮かんだのが病院、次に高齢者向け施設や保育園、そして私立高校だった。

大森病院が近所にあることはすでに知っていたので、ホームページを確認したところ、建物内に「からだのとしょしつ」という施設があることがわかった。この施設は、インフォームド・コンセント（医師と患者との十分な情報を得たうえでの合意）を推進するために造られたもので、患者や家族などが病気や治療法について学ぶための医学書が多数そろえられている。この施設の一角を借りて、出張本屋を実施させてもらえないか、院長に企画書を送ろうかと思案していたとき、その院長が偶然、お客さんとして葉々社にやってきた。レジで会計を行うとき、大森病院の院長であることを告げられ、驚いたことを覚えている。聞けば、無類の本好きだという。渡りに船とはまさにこのことで、院長に会った次の日に企画書をまとめて郵送した。一週間ほど経過したのち院長から返事がきた。当時はコロナが再拡大しているときで、落ち着き次第、「からだのとしょしつ」のスタッフと検討するという内容だった。院長に企画を提案したときは出張本屋のほかに以下のような企画も書き添えた。企画書を提出するチャンスはいちどきりなので、必ず複数の案を用意して、先方によき案を選択してもらえるように準備をした。

○医師・看護師ほか、大森病院で働く人々のための選書サービス
・毎月の予算内で、葉々社が本を選び、大森病院に配達する
・届いた本は、医師や看護師らが自由に持ち帰れる仕組みとする

○入院患者が自由に読める本の場所づくり
・短期、長期入院患者の方々が自由に本に触れられる場所をつくる
・病棟内に小さな図書館のような場所をつくる（二百冊程度）

○入院患者のための配達サービス
・入院患者の方々から本の注文を受けて、病院まで配達する
・患者が入院するとき、葉々社の案内ハガキを渡してもらう

企画書提案後、数カ月が過ぎた頃、「からだのとしょしつ」で司書をしているという女性が葉々社に来た。院長から話を聞いた企画について、具体的に前に進めたいということだった。ここからはテンポよく話が前進して、二〇二三年一月にスタートすることになった。

出張本屋は店舗が休みの毎週月曜日、九時から十五時まで開いている。持ち込む本は二十冊程度。丈夫な紙袋に本、釣り銭、電子決済用の端末、電卓などを入れて、ハンドキャリーをしている。始めた当初は、病院に勤務している医師や看護師、スタッフらも来店するかもしれないということで、人文書や社会科学書など、少し硬派な本も持参していたが、ふたを開けてみると病院関係者はあまり本を見に来ないことがわかった。おそらく仕事が忙しすぎて、ゆっくりと本を見に来る余裕がないのだろう。そのため、本のセレクトは入院患者のためだけに絞った。古本は持っていかず、すべて新刊でそろえ、重厚な読み物よりは軽い読み

口のものを多めに持っていく。入院患者の方々と話をするときによく出てくるのが、「重たい本は読めない」「集中力が続かないのでページ数が多いものはきつい」「どこから読んでも楽しめるものがいい」「装丁がきれいな本が欲しい」などの意見だ。自分が入院患者だとしても同じような意見をもつかもしれない。これらのリアルな要望を叶えつつ、タイトルに「死」という文字が踊っていない本を慎重に選ぶ。詩や短歌、エッセイ、短編で構成された小説を中心に、自然科学書や哲学、旅の本を時折加える。おもしろい意見だなと思ったのは、「病院の食事がシンプルなので、おいしそうな料理の本は読みたくない」と言われたことだ。たしかにそうかもしれない。いまは我慢のときだ。どんな本が売れるのか、決まった傾向はないように思うが、本を見に来てくれた患者にオススメした本は、わりと受け入れられることが多い。

出張本屋の開始から二年近くが経過し、いろんな患者との出会いがあった。免疫疾患で入院していた女性は、見た目は元気そうなのだが、長期入院を課せられ、結局、四十日近くの時間を院内で過ごすことになった。彼女はもともと本が好きということもあり、毎週月曜日になると、待ってましたとばかりに本を二冊買っていった。こちらがオススメした本を買うこともあったし、彼女が希望する本を持参することもあった。会った日は読んだ本の感想を聞き、病院生活が暇であることも聞く。あまりにも暇なので建物内で「ポケモンＧＯ」をしているという。ただ、移動距離が限られているため、なかなかポケモンをとらえることができないと嘆いていた。

別の女性は、葉々社にも来店したことがあり、入院するにあたり出張本屋を楽しみにしていたという。彼女からは入院中に読みたい本の注文をもらった。本人は外出することができないため、本屋として本を届けることができてうれしいかぎりである。

近所で暮らす常連が外来のついでに立ち寄ってくれたこともあった。いつも顔を合わせている方と病院内で会うのは何だか不思議な気持ちだったことをよく覚えている。

出張本屋に来てくれた女性が退院後に葉々社を訪問してくれたこともある。入院しているときに購入した『NATURE ANATOMY ネイチャー・アナトミー 自然界の解剖図鑑』（大和書房）がとてもよかったので、もう一冊購入したいと。姉にサプライズでプレゼントするから、もし姉が葉々社に来たとしても、そのことは話さないでと釘を差された。

本を買う人たちは、ただ買うだけではなく、それぞれの思いを本に乗せたり、もしくは託したりしながら買っていく。ある人にとっては、人生のターニングポイントになる本かもしれないし、今後の人生の傍らにずっと寄り添ってくれる一冊になるかもしれない。本屋の仕事とはそういう側面もある仕事だ。

果たして、出張本屋を始めたことで平日の売上不足をカバーできたのか。答えは残念ながら「ノー」である。毎週定期的に本を持っていったとしても患者が毎週来るわけではない。ただ、単純にお金には代えられない仕事であるとも思う。本屋として、患者の人生のあるシーンに立ち会っていることはたしかだからだ。

あのとき、本があってよかった。

そう感じてもらえるように、晴れの日も雨の日も風の日も出張本屋は続く。

14　一年目の振り返り

出版社よりも先に本屋を開業することを決めたとき、まずは、十年は続けてみることを目標に設定した。小売という商売を行うことに対する責任と、葉々社を日々利用してくれるお客さんに対しての責任を、自覚したうえで果たしたいと思ったからだ。お客さんの数は急激に増えるものではなく、三六五日、開店時間に店を開けて、閉店時間までお客さんを待つという日常を積み重ねていくことで、葉々社を定期的に利用してくれるお客さんが少しずつ増えていくのだろうと考えていた。だから、開業して一年目は赤字になると想像していた。黒字に転換するには五年程度の時間が必要かもしれないと思っていたので、実際に一年目の結果が赤字で終わったときも驚くことはなかった。

梅屋敷の地で長く本屋を続けていくうえで数字の確認は大切だ。毎月の収入と支出、毎日の売上と利益、家賃や光熱費を含むランニングコスト、仕入れ冊数と手元に残るお金の関係性。何をどうすれば、どんな結果になるのか。日々、明らかになる数字を見て、次に何をすればいいのかを頭のなかでシミュレーションする。会社勤めをしていた頃と異なるのは、仮に数字が悪くても、自分がいいと思った企画や、お客さんに見てもらいたいフェアなどに果敢にチャレンジできることだ。一回目は結果が出なかったとしても継続していくことで徐々に数字がついてくるという類いの企画もあるだろうし、数字が悪くても社会的な意義があるもの、もしくは小さな本屋だからこそ柔軟に対応できる企画もあるだろう。すべての裁量権を握っている最大の利点がここにある。必ずしも結果だけを追い求めなくてもいい。

一年目の振り返りとして、以下、売上冊数を掲載する。

2022年

新刊・古本を含む一カ月の売上冊数、カッコ内の数字は一日平均の冊数

4/20－5/24	430（17）
5/25－6/24	352（14）
6/25－7/24	285（11）
7/25－8/24	276（11）
8/25－9/24	285（11）
9/25－10/24	356（14）
10/25－11/24	339（14）
11/25－12/24	227（12）

開業直後の一カ月は特需のようなものがあるだろうと推測していたので、予想どおりの結果になった。ここに掲載している数字は冊数ベースのもので、売上の金額ではないため、いまいちピンとこないかもしれないが、開業前に立てた一カ月の売上の目標は百万円だった。二千円の本だと五百冊を売る計算だ。粗利を三割で考えた場合、手元に三十万円が残る。一カ月ごとの成績を精査するときは、基本的にはこの設計を頭に入れたうえで「よい」「悪い」を判断する。給料が三十万円もあれば十分ではないかと一瞬思うかもしれないが、三十万円は給料ではなく、仕入れた本を売ったときに残るお金だ。実際にはここから本屋を運営するために必要な経費を引かねばならない。一年目の毎月のランニングコストは以下のとおり。

2022年	
	単位：円
家賃	77,000
電話	3,119
電気	3,254
水道	3,124
オフィス365	1,082
アドビ	3,564
モリサワ	4,565
ホームページ	740
STORES	1,742
Nuro光	980
freee	2,178
版元ドットコム	1,000
合計	102,348

前述した数字は本が売れても売れなくても毎月必ず銀行から引き落とされるものである。葉々社は出版事業も兼ねているため、フォントメーカーのモリサワを活用しているが、本屋だけを運営するなら、モリサワは外してもよい。オフィス365は、ワードやエクセル、パワーポイントを利用するために年間契約を結んだ。日々、企画書を書いたり、お客さんに案内するためのチラシを作成したりする必要があるため、これは必要経費だと思う。アドビは

フォトショップやインデザイン、イラストレーターをはじめとしたソフト、およびＰＤＦを閲覧・編集するためにクリエイティブクラウドの年間プランを利用している。これもおもに出版に関係する仕事のために必要な経費なので、本屋だけを営む人には不要だろう。葉々社の場合は家賃がかなり安いため、このような数字に収まっている。結論としては、毎月百万円の売上があったとき、給料はおおよそ二十万円程度になるということだ。この金額を多いと感じるか少ないと感じるかは、人それぞれだろうが、私は多いとは思っていない。

二〇二二年、もっとも本が売れた月は、開業月だった。一カ月で四三〇冊。一日平均では十七冊。ここから夏に向けて、徐々に売上冊数も一日平均も下がっていく。数字が好転するのは秋に入ってから。そして、冬に向けてまたゆるやかに数字が下がる。一年目のこの数字から何を読み解くことができるだろうか。実際に本屋を始めてみて顕著だったことは、天気に強い影響を受けるということだ。雨の日は言うまでもなく、極端に暑い寒いもよくない。春と秋がなくなり、夏と冬が年々長くなってきている気がするのは私だけではないだろう。地球全体が悲鳴を上げているなか、異常気象が突然収束するとは思えない。当然ながらこの先もこの傾向は続くだろうし、何か対策を考えないと、夏と冬の売上が下がることは容易に想像できた。

これまでの人生において日記を書いてきたことはない私だが、本屋を開業するにあたり、メモの延長線のようなものを書き記してみようと思った。文字数にすると二百文字程度の短い文章。継続することが目的なので疲れていても毎日取り組めるものを優先した。いろいろ調べた結果、暮しの手帖社が発売している「花森安治 5年日記」を購入した。クロス貼りの上製本で、手に持つとずしりとした重さを感じる。一日に割り当てられたスペースはたったの四行しかないため、あれもこれも書けないところがいい。お客さんと交わした言葉やその日に実行した仕事の内容など、毎日の振り返りのためにちょっとしたメモを残している感覚だ。書き始めるときは「こんなにたくさんのページを文字で埋めることができるんやろか」と思っていたが、早三年が経過して、現在、四年目のページを変わらず毎日書き連ねている。

この日記のユニークなところは最大で四年前の同日に発生した出来事を俯瞰的に振り返ることができる点で、当時、どんな気持ちで本を売っていたのか、何を課題としていたのかなど、その時々の自分自身の気持ちについて簡単に棚卸しが行える。葉々社には何十人という常連が存在しているが、「あー、Hさんは開店三日目に来てくれたのか。Tさんとの付き合いはこの年の八月から始まったんやな」と思い出にも浸れる。オススメである。

十年は続けると決めたからには、一年目は単なる通過点でしかない。二年目はもっとよくなると信じていたし、よくするためには課題を抽出して、その課題をクリアできるように努力するしかない。本屋という商いにおいて毎日大切にしているのは、目の前のお客さんにきちんと向き合うこと。オンラインストアを定期的に利用してくれている全国各地に存在するお客さんに対しても同じ気持ちで本を届けている。主語を大きくすると何かをやった気になりがちだが、主語はできるかぎり小さくすることを肝に銘じている。

二〇二三年に向けての課題

・定期的に店に通ってくれるお客さんの数を増やす
・オンラインストアの利用者を増やす
・夏と冬の売上減少をリカバリーする企画の実施

課題をたくさん設定しても手段が目的化するだけなので、確実に行動に移せるみっつの課題を抽出した。この課題をクリアするために知恵を出し、作家・翻訳家、出版社、取次、本屋仲間、常連らに協力をしてもらいながら、前に進んでいくことを決めた。これ以上数字が悪くなることはないのだから、とにかく前へ。未来に向けて種をまくだけだ。

15　展示スペースから広がる世界

葉々社の売場面積は十坪で、五坪の土間に新刊を、残り五坪の小上がりには古本、ひと箱本棚、雑貨と展示スペースがある。このスペースは店を始める前から構想していたもので、出版社や作家のフェアをはじめ、クリエイティブな仕事をしている人たちの作品展示を行うために用意したものだ。壁の広さは、縦が約二百三十センチ、横が約三百センチある。壁にはマグネットボードが埋め込んであるため、釘やピクチャーレールを使わずに、額装したイラストや写真、ブックスタンドに立てかけた本を、小さな磁石を利用して簡単に飾ることが可能だ。この方法だと高さや水平の調節、レイアウトの変更などをスピーディに行うことができるので、展示終了後に実施する次回作の入れ替え作業にかかる時間を大幅に短縮できる。展示スペースの利用料金は、一カ月一万一千円（税込）に設定し、会期中、展示作品やポストカード、作品集などの物販をお願いしている。会期終了後に物販の売上のなかから二十パーセントの販売手数料を葉々社に納めてもらうという仕組みだ。

一般的には本の在庫数が増えれば増えるほど、売上もその数字に比例して伸びていくことが考えられるが、葉々社では開店当初から雑誌や漫画はほとんど置いておらず、人文・社会科学・自然科学の本を中心にラインアップしていたため、小売のセオリーに当てはめることは難しいだろうと思っていた。つまり、在庫の数が二倍になったとしても売上が二倍になることはないと考えていたのだ。本が売れなかった場合にどのようにして売上をつくっていくのかは商売を続けるかぎり、ずっと付きまとう難問ではあるが、展示スペースを設けることが、ひとつの解答になることは店を始める前から容易に想像ができた。

以下、開店当初からこれまでに開催した展示について振り返ってみたい。

2022年	
6/18－7/17	平岡 瞳（作家）／版画
7/18－8/12	熊澤久美子（イラストレーター）／イラスト
8/13－9/16	橋本貴雄（写真家）／写真
9/17－10/14	クオン（出版社）／本
10/15－11/11	ナナロク社（出版社）／本
11/12－12/9	Aju（アーティスト）／イラスト
12/10－1/6	モノ・ホーミー（図案家）／イラスト
2023年	
1/7－2/3	二〇二二年わたしのベスト1／本
2/4－3/3	ちにゅり（イラストレーター）／雑貨
3/4－3/31	山脇麻生（ライター）／短編マンガ
4/1－4/28	柴田元幸（翻訳家）／本
4/29－5/26	関 由香（写真家）／写真
5/27－6/23	市ノ川倫子（写真家）／写真
6/24－7/21	百万年書房（出版社）／本
7/22－9/1	熊澤久美子（イラストレーター）／イラスト
9/2－9/29	ナナロク社（出版社）／本
9/30－10/27	宇野和美（翻訳家）／本
10/28－11/24	岸本佐知子（翻訳家）／本
11/25－12/28	火詩（イラストレーター）／イラスト
2024年	
1/6－2/2	斎藤真理子（翻訳家）／本
2/3－3/1	ちにゅり（イラストレーター）／雑貨
3/2－3/29	山脇麻生（ライター）／短編マンガ
3/30－4/26	朝岡英輔（写真家）／写真
4/27－5/24	ゆにぃ（絵本専門士）＆わみだ（デザイナー）／雑貨
5/25－6/23	柴田元幸（翻訳家）／本
7/6－8/2	木下眞穂（翻訳家）／本
8/31－9/27	ハンナ・アーレントフェア／本
9/28－10/25	上田一歩（書道家）／書道
10/26－11/22	松下隆志（翻訳家）／本
11/23－12/28	やまかわくみこ（イラストレーター）／イラスト

こんな展示を絶対に行いたい！　というような強い意思は存在しない。ぼんやりとこんなテーマでフェアができるといいなという程度には考えているものの、展示を見てくれるのはお客さんなので、常に意識していることと言えば、お客さんに喜んでもらえる展示を行うと

いうことくらいだろうか。展示には二パターンがあり、作家や写真家、イラストレーターのほうから声をかけてもらう場合と、葉々社のほうから展示をお願いする場合。前者は展示スペースの利用料金が発生するが、後者は発生しない。

展示やフェアのいいところは、新しいお客さんとの出会いがあるところ。それまでは葉々社のことを知らなかった人たちが、展示やフェアを見るために店を訪れてくれる。二〇二二年十月に開催したナナロク社の造本展示では、装丁が美しい本をその目で確認するために多くのお客さんが足を運んでくれた。特に若者たちの姿が多く、本もたくさん売れた。短歌を愛する人たちが数多くいることを実感できて印象に残る展示になった。

ちにゅりさんと山脇麻生さんは、ともに葉々社の近所で暮らしている常連で、開店当初から店に通ってくれている。地域で暮らしているクリエーターと協業することは、展示スペースを設けたときからの目標のひとつでもあったため、ふたりとは二年連続で同時期に展示を行った。ちにゅりさんは大田区内のさまざまな催しや企画にも積極的に参加していて、地域で暮らす人たちのファンも多い。実際、二〇二四年の展示の初日に昨年も来店したというお客さんが現れて驚いた。熱心なファンというのはクリエーターにとって大事な存在だ。山脇さんはプロのライターで、新聞や雑誌をはじめ、いろんな媒体で漫画の書評やインタビュー記事などを執筆している。彼女は葉々社で短編マンガのフェアを実施するにあたり、オリジナルのＺＩＮＥを制作してくれた。店を訪れたお客さんは、彼女が書いた各短編マンガの解説を読むことで好みの一冊を選べる、という仕掛けだ。前述したとおり、もともと葉々社では漫画を常備していなかったのだが、彼女と短編マンガのフェアを開催したあとは、フェアで紹介した漫画をＺＩＮＥとともに常備するようになった。短編マンガのため、陳列するのにそれほど多くのスペースを必要としない点がポイントで、小さな本屋との相性がいい。テキスト主体の本ではなく、何か気軽に読みたい気分のお客さんにとっては、短編マンガは手にとりやすいのかもしれない。年間数え切れないほどの漫画を読み込んでいるプロのライターに選書をしてもらっているので、こちらも自信をもって販売できる。

海外文学の世界をより身近に感じてもらうために翻訳家の力を借りている。柴田元幸さんをはじめ、宇野和美さん、岸本佐知子さん、斎藤真理子さん、木下眞穂さん、松下隆志さんらに協力をお願いし、彼ら・彼女らが翻訳した本のフェアや、オススメの本を選書してもらって展示を行ってきた。お客さんに本を見てもらう際には、翻訳家たちが執筆したＰＯＰを同時に掲載している。本の内容や読みどころなどに触れたＰＯＰは、それだけでフェアの魅力を向上させる。現状は、フェアの終了とともにＰＯＰとしての役目も終えているのだが、今後はこれらの貴重なＰＯＰを別のかたちとして再活用できないかと思っている。店内で開催している展示やフェアの目的は、お客さんの来店動機を高めるためだが、オンラインストアを定期的に利用してくれているお客さんのために、展示やフェアを横展開できないかも模索している。検討段階なので実施には至っていないが、たとえば、フェアで利用したＰＯＰの内容をオンラインストアの商品ページにも掲載したり、ＰＯＰの内容をまとめたチラシを作成して、オンラインストアユーザーに荷物を発送するときに同封したりするなど。リアルな場所としての葉々社に足を運ぶことが難しいお客さんのために、ＰＯＰの二次流用、三次流用の活用事例をつくりたい。

本屋は生き物だ。日々、さまざまな属性の人間が出入りする。

ゆえに変化することに対して柔軟でありたい。

自分ひとりで達成できることなんてたかが知れている。それはこれまで生きてきた人生でいやというほど体感してきたことだ。だから、変化を恐れず、いろんな人たちの力を借りて、葉々社の関係人口をもっと増やしていきたい。展示スペースから広がるその世界は、想像ができないほど豊かだろう。

16　客注

「こっちの棚から選ばずに、いつも注文してばかりで悪いわね」

常連のＹＡさんに言われたことがある。

「いえいえ、お客さんからいただく注文は在庫を持たなくていいですし、注文してもらった時点で売れたことが確定するので、いちばんありがたいですよ」と私は答える。

同じような内容のことを数人のお客さんの口からも聞いた。実際のところ、お客さんからの注文の品＝客注はあればあるだけありがたい。その理由は前述したとおりだが、注文をもらってからお客さんに品物を届けるまで、おおよそ一〜二週間はかかる。取次が居を構えるオフィスに注文した本の在庫がある場合は、入荷までにそれほど時間はかからないが、通常は葉々社→取次→出版社→取次→葉々社というような順番で物事が進むため、どうしても時間が必要になる。また、取次に在庫があり、即座に送ってもらえるような状態にある場合でも、その一冊のためだけに物流を動かすことが難しい。なぜなら、取次から荷物を送ってもらう際の送料は本屋が負担することが多く、段ボール箱ひとつでいくら、もしくは一律で料金が設定されているからだ。おおまかに言えば、一冊でも二十冊でも送料は変わらない。一冊のためだけに物流を動かすとなると、利益が送料で相殺されてしまうため、どうしても二十冊程度の本が入荷するまで待たなければならない。ただし、いつまでもお客さんを待たせるわけにもいかないので、目安として二週間の時間をもらい、その期間内に品物を手渡せるように努力している。

私が使っている取次の窓口担当の方々は、レスポンスも早く、こちらの質問にいつも丁寧に対応してもらっている。現在、何冊が入荷しているのか、○月○日に注文した○○本はいつ頃入荷するのかなど、細かい確認作業が毎日のように発生するのだが、たとえ、メールのやりとりが多くなる日々だとしても、やりとりをした回数のぶんだけ互いの信頼関係が増し、本を買ってくれるお客さんのために、いい仕事ができるような気がしている。たまにインターネットで買い物をすると、質問しようにもどこに疑問を投げかければよいのか、さっぱりわからないようなページ構成になっていたり、電話もつながらなかったりするとストレスを感じることがあるが、本屋の仕事においてはそういうことはまったくない。取次の担当者が仕事に慣れていることもあるのだろうが、彼ら・彼女らも本屋と同様、お客さんのほうを向いて仕事をしているということの表れではないかと思う。

初めて注文をもらうお客さんでも、何度も注文してくれている常連でも、注文してもらった品物はきちんと届けたい。せっかく注文してもらったのに「入手できませんでした」という結果だけは避けたい。しかし、最近の本は、大手出版社を含めても初版部数がそれほど多くないため、すぐに「品切」「重版未定」になる。これは出版社と取次の倉庫には在庫がないものの、市中在庫は存在することが多く、大型書店にはそれこそ山のように本が積まれていることを何度も目にしている。お客さんからの注文にはできるだけ応えたいので、取次から「品切」「重版未定」という返事が来た場合は、私自身が大型書店に出向き、客注品を購入することもある。その場合は、本屋としての利益はゼロになるわけだが、お客さんをがっかりさせず、次回もまた葉々社で注文しようと思ってもらうためには仕方がない部分でもある。なぜ、このような事態が発生するのか。その理由は、トーハンや日販のような巨大な取次が行っている見計らい配本にあり、本来、その本屋が必要としている冊数以上の本が配本されているからだ。この状態が続くと返品率が高止まりのままなので、これから次第に是正、改善されていくのだろうと推測はするが、現状、発売されたばかりの新刊であったとしても、すぐに「品切」「重版未定」になるため、頭が痛い。

いつ頃から客注が増えはじめたのかはよく覚えていない。いまは常に二十〜三十冊程度の注文をもらっている。レジスペースの右側の壁に注文者の名前、電話番号、本のタイトルと出版社名、いつどの取次に注文したのかを記載したメモを貼り、「いつ頃までには届けたいな」ということを頭に入れる。注文した本が届くと、本に傷みがないかどうかを検品し、問題がなければ、携帯電話にショートメールを送るか、もしくは直接電話をする。私のiPhone SEのメッセージを開くと、「常連〇〇さん」という項目が八十三存在する。その全員から毎月、注文をもらうわけではないが、これだけ多くのお客さんたちがいちどは葉々社を活用してくれたという事実ではある。壁に貼ったメモの数が減ってくると、大きな仕事をやり遂げたような気持ちになることもあるし、メモが減って少しさみしい気持ちになることもある。お客さんはそんなことを気にしていないはずなのだが、不思議なものでメモが減ってくると同時にまた新たな注文が増えていくことが多い。息を吸って、吐くようなイメージ。もしくは波が寄せては返すような感じ。客注にも自然とリズムが出てくる。注文してくれるお客さんは近所の人が多く、徒歩圏内か自転車で通える距離の範囲で暮らしている。そして、会社帰りや週末に入荷した本を取りにきてくれる。最近は遠方のお客さんから注文をもらう機会も増えてきて、そのたびに本屋をやっていてよかったなと感じる。

常連の人たちは、葉々社の棚を熟知しているため、どんな本が置いてあって、どんな本が置いていないのかを理解している。だから、読みたい本が置いていないときは、必ず葉々社で注文をしてくれる。私が知らないジャンルや著者、出版社の場合も多く、そんなときは二言、三言、短い言葉を交わして、その本についての話を聞く。おもしろそうだなと思えば、お客さんの注文に便乗して店頭にも並べる。毎月、定期的に店を訪れ、注文してくれるお客さんには本当に頭が下がる。

本は好きだが読書家とはいえない自分にとって、ある特定の場所に間をあけずに通い続けることのハードルの高さについて考える。自分自身、これまでの人生でそんな場所が存在しただろうか。「あっ！」と思う。本屋があった。というか本屋しかない。忙しいときも暇なときも時間ができれば通う場所。何度も通えば、どの本がどこに置いてあるのかがわかり、初めて訪問したときのアウェー感からそこにいるだけでほっとひと息つけるようなホーム感へと心持ちも変化する。今日は岩波文庫の棚をひと通りチェックしようとか、文芸書の平台を眺めてまわろうとか、誰にもじゃまされることなく、自分の思うままに行動ができる場所。それが私にとっての本屋だった。なぜ、葉々社に通い続けてくれるのか、お客さんに直接聞いたことはまだないけれど、都会の喧騒からは一歩距離を置いた場所で、静かに本を読める場所として店を維持することが大切なような気がしている。

近所で暮らしていると思われる人が突然やってきて、「この本は置いていますか？」と聞かれることもある。残念ながら、そんなときはほぼ百パーセントの確率で、「置いていない」ことが多いのだが（テレビで見た、というパターンが多い）、「もし、お急ぎでなければ、お取り寄せしましょうか？」と聞いてみる。相手はいま、すぐ、欲求を満たしたいという感じなので、そこで注文をもらえることは少ないが、次回、探している本を注文するために店に足を運んでくれるかもしれない。年配のお客さんたちは、昔ながらの本屋のかたちを知っているから注文もスムーズだ（いまの若い人たちはもしかすると、本屋で本を取り寄せたことがない人のほうが多いかもしれない）。欲しい本があるときは本屋に注文すれば入手できることがわかっている。年配のＭＡさんは、時代小説家の佐伯泰英さんが大好きで、新刊が出るたびに注文してくれる。本が入荷すると携帯電話に連絡をする。杖をつきながら店に来てくれたＭＡさんに品物を渡して少し世間話をする。


「今日も洋服が素敵ですね」

「これはね、着物を仕立て直したものなのよ」

「すごいですね。自分で仕立ててるんですか」

「タンスのなかにまだいっぱい着物があって、昔は自分でやってたけど、いまは知り合いに依頼しているの」


他愛もない話だが、少しずつお客さんのことを知り、距離がちょっと近くなった気がする瞬間だ。

本を本屋で注文するという行為は、一見当たり前のように思えて、不思議だなと感じることがある。小売と言えば、基本的には店先や店内に並んでいるもののなかから好きなものを選んで買うということが多い。パンも洋服も果物も肉も魚もそうだろう。近所の八百屋に行って、山形の佐藤錦を仕入れてもらうことはしないし、魚屋で大分の関あじを指定注文することもないだろう。基本はそこに「ある」ものを「買う」だ。本屋は違う。そこに「ない」ものも「買える」。この行為に何か特別な意味を見いだすことができるだろうか。そこに街の本屋としての役割がひとつ追加されるような気がする。

（なお、これまで書いた内容は、葉々社がふだん利用している取次の場合の話であり、ほかの取次の契約内容がどうなっているのかは理解していないことを付け加えておく）

17 オンラインストアの向こう側

顔も知らない、会ったこともない。当然、その声を聞いたこともない。しかし、どんな本を注文してくれたのかはわかる。小説かエッセイか哲学か、それとも社会問題について書かれた本か……。

お客さんはなぜ、葉々社のオンラインストアを利用してくれたのか、どこで見つけたのか。送料が別途必要になるにもかかわらず、日本全国から数多くのお客さんがオンラインストアを訪問してくれる。アマゾンなどの巨大なインフラを使えば、即日無料で荷物が到着する世の中で、なぜ、お客さんは小さな本屋のオンラインストアを利用してくれるのか、その答えはまだ見つかっていない。

オンラインストアを始めることは、開店の準備を進めていた頃から決めていたことだ。当初はリアル店舗としての本屋の売上不足をいくらかでもカバーできればよいというような考えをもっていたが、実際に始めてみると、そういう考え方はどこかに消え去ってしまった。毎月、多くのお客さんに利用してもらうことで、結果として、売上不足を補えてはいるのだが、オンラインストアのお客さんに対しても、リアルな本屋を訪れたお客さんと同様の接客を行いたいと思うようになった。目を見ながら会話をすることは難しいが、注文の品物を発送するときに一筆メモを添えることで、会話の代用とすることは可能だ。

葉々社では、レジ業務だけではなく、オンラインストアの仕組みもＳＴＯＲＥＳを活用しているのだが、お客さんがオンラインストア経由で品物を購入するとき、備考欄にメモを残すことができる。最近は、その備考欄にコメントをひとこと残してくれるお客さんが増えた。それらは近況報告だったり、前回購入した本の感想だったり、私がＳＮＳで発信した内容に対する返事のようなものだったりする。短い文章ではあるが、私にとっては、お客さんの輪郭が少しくっきりする、または親近感を覚える、とても大事な文章だ。

近くであれ、遠くであれ、品物を移動するときは必ず送料が発生する。厚みが三センチまでの本の場合は三百円を、三センチを超える場合は六百円を、お客さんが負担する。三センチを超えると日本郵便のクリックポストで送ることができなくなるため、送料は一気に上がる。全国各地で本作りに精を出す編集の方々にお願いしたいのだが、本の厚みはぜひ、三センチ以内に収めてもらいたい。特に三・一センチとか、三・二センチとかはやめてほしい。もう少し薄い本文用紙を使えば、何とか三センチ以内に収まるのではないかと日々、思っている（三・五センチを超えるような鈍器本は諦めるので、この限りではない）。送料無料で本を届けるような仕組みを持つ大手ネットショップとの闘いにおいて、送料は死活問題になる。お客さんに負担してもらっている以上、安いに越したことはないのだ。

開店以来、全国各地にオンラインストアのお客さんができた。

これまでどの都道府県から注文をもらったのか、あらためてデータを確認したところ、以下のような結果になった（二〇二四年、八月十九日現在。複数回の利用者はひとりとして計算）

北海道	27人	滋賀県	11人
青森県	3人	京都府	28人
岩手県	6人	大阪府	50人
秋田県	2人	兵庫県	37人
宮城県	14人	奈良県	2人
山形県	4人	和歌山県	8人
福島県	11人	鳥取県	4人
茨城県	19人	島根県	3人
栃木県	14人	岡山県	13人
群馬県	10人	広島県	17人
埼玉県	47人	山口県	8人
千葉県	50人	徳島県	4人
東京都	49人	香川県	3人
神奈川県	49人	愛媛県	6人
新潟県	9人	高知県	5人
富山県	11人	福岡県	30人
石川県	4人	佐賀県	6人
福井県	5人	長崎県	3人
山梨県	8人	熊本県	3人
長野県	21人	大分県	8人
岐阜県	13人	宮崎県	4人
静岡県	21人	鹿児島県	0人
愛知県	47人	沖縄県	4人
三重県	9人		

鹿児島県を除く、四十六の都道府県から注文をもらったことがわかる。数字から推測できることは、人口の多い大都市圏ほど、オンラインストアの利用人数が増すということだ。言うまでもないが、利用人数が少ない都道府県の読者が少ないということにもならない。葉々社の現状が前述したような結果になっただけである。大空を自由に舞う鳥になった気分で日本地図を俯瞰してみると、全国各地に本を読んでいる人たちがまんべんなく存在することに安心する。「まだまだ捨てたもんじゃないで」と。本屋としての課題は、オンラインストアの

利用者をもっと増やすことであり、常連をつくることだ。時間はかかるが、時間をかけたぶんだけ、その努力が結果にも反映されるだろう。

それぞれの都道府県には毎月定期的にオンラインストアを利用してくれる常連がいる。必ず、送料がかかるにもかかわらず、だ。いまでは名前を見ると、その人がどの地域で暮らしているのかがわかる。「○○県の○○さんは、今月はこの本を選びはったんやー」と思う。密かな喜びだ。

お客さんの立場から葉々社のオンラインストアを眺めた場合、どんなメリットがあるだろうか。作家や翻訳家のサイン本が手に入る、選書したうえで仕入れが行われているので迷わずに済む。アマゾンとの差を考えると、大きな違いはこのふたつだ。デメリットは送料のぶんだけ、支払い額が増えること、品物の到着までに少し時間がかかること。本がコピー商品である以上、どこで購入しようとも、その内容が変わることはない。給料は増えないものの、税負担は増す一方の現在、可処分所得が減るなかで、お客さんにとって送料とはいかなる存在か。考えない日はない。送料分の負担を相殺できるような、目で見てすぐに理解できる「何か」をお客さんに提供できればいいのだが、いまのところ特効薬のようなものはない。リアルな場としての本屋で継続しているように、会話を通じて互いのことを知り、少しずつ信頼関係を深めていくしかない。

自宅の近所に本屋がないのか、本屋はあるけど欲しいものが置いていないのか。仕事が忙しくて本屋に行く時間がないのか。オンラインストアを利用してくれるお客さんの状況は、人それぞれだろう。いつ本を読んでいるのか、いつ頃から本が好きだったのか、いまは何に興味があるのか、どんなことで悩んでいるのか。直接話を聞くことができないため、想像するしかない。居住地と過去の購入履歴から。想像したことは当たっているかもしれないし、外れているかもしれない。真相はやぶのなかではあるが、想像すること、それ自体は楽しいものだ。

次にどんな本を仕入れればよいのか、お客さんはどんな提案を待っているのか。新刊を適度にそろえておくのは、商売においては大事なことではあるが、それだけだとつまらない。そもそも売れているという理由だけで仕入れている本は少ないが、ＳＮＳの外側に位置する本を、自らの手と足を使ってチェックし、発見し、能動的に仕入れたい。そんな本をお客さんにオススメしたいのである。

物理的な距離を軽々と越えられるのがオンラインストアのよいところだ。

東京・大田区、梅屋敷の地にある葉々社には簡単に足を運べないとしても、オンラインストアなら足を運ぶことができる。オンラインストアの向こう側にいる全国各地の読書好きのお客さんの顔や声に思いを馳せながら、今日も明日のために仕事をする。

18　二年目の振り返り

一年目もあっという間だったが、二年目はそれに輪をかけて時間の過ぎるのが早かった。一年目は、天気の悪い日は自転車通勤を諦め、電車を利用していたが、二年目は雨の日も風の日も雪の日も自転車で通勤した。風が強く、横殴りの雪の日などは、顔面に次々と雪が直撃し、相当痛いということがわかった。自宅に帰ると左目が真っ赤に腫れていたこともある。人生何事も経験あるのみである。

一年を通しての成績は、二年目も赤字だった。ただ、全体の赤字額は一年目よりもかなり圧縮することができた。これは日々の営業の賜物であり、実店舗でもオンラインストアでも日常的に利用してくれるお客さんの数が確実に増えたということだ。

常連が増えれば、日々の売上は安定する。では、どうすれば常連の数を増やすことができるだろうか。大事なのは目の前にいるお客さんにしっかりと向き合うこと。そして、仕入れを怠らず、来店動機を継続的につくることだ。葉々社のような小さな本屋の場合、あらゆる種類の本を並べることはできないため、やはりここでも選択と集中を実践する。常連たちの顔を思い浮かべながら、「この本はきっとＨＩさんが好きやからオススメしてみよう」「ＮＩさんはこの本、読んだことがあるかな？」など、機会損失をできるかぎり避けられるように適切な冊数の仕入れを行う。たくさん仕入れて売れなければ返品するというようなスタイルの商売は、小さな本屋には合わない。適切な仕入れ冊数をそのときそのときで見極めることが重要だ。

既刊の掘り起こしにも日々、力を注いでいるが、新刊を適度に仕入れることも来店動機につながる。いつ行っても平台に同じ本が並んでいるとお客さんは飽きるかもしれない。もちろん、長く販売していきたい本は、時間をかけてアピールをしていくわけだが、それでもある程度の新陳代謝は必要だろう。こうして本を通じてお客さんと会話を継続していくことで、毎月必ず店を訪れてくれるお客さんが少しずつ増えていく。

二年目は全体の売上冊数とともに、実店舗とオンラインストアの冊数も併記する。

2023年

新刊・古本を含む一カ月の売上冊数、カッコ内の数字は実店舗・オンラインストアの売上冊数、一日平均の冊数、前年比

12/25－1/24	256（252・4）／12
1/25－2/24	327（317・10）／12
2/25－3/24	379（371・8）／16
3/25－4/24	427（404・23）／16
4/25－5/24	406（365・41）／19／94%
5/25－6/24	619（376・243）／23／176%
6/25－7/24	592（324・268）／25／208%
7/25－8/24	307（204・103）／19／111%
8/25－9/24	449（351・98）／20／157%
9/25－10/24	435（349・86）／18／122%
10/25－11/24	449（398・51）／20／132%
11/25－12/24	794（727・67）／35／349%

一年目の数字と比較すると、ずいぶん向上していると思う。一カ月平均だと四五三冊。開店時に設定した目標である五百冊の背中が見えてきた。

六月のオンラインストアの売上が急激に上がっているのは、作家・翻訳家のサイン本の企

画を開始したからだ。きっかけは翻訳家・柴田元幸さんがXに投稿した『アホウドリの迷信』（スイッチ・パブリッシング）の二刷が決定したことを読者に伝えるポストだった。二刷を記念して、柴田さんと岸本佐知子さんのWサイン本を作り、読書の方々に届けることができるのではないかと考えた。

サイン本と言えば、一般的に東京、大阪、名古屋、札幌、福岡など、大都市圏の大型書店を中心に配本されているイメージをもっている。しかもこれらの書店では「取り置き不可」「在庫確認不可」「オンラインストア購入不可」であることが多い。これはつまりサイン本をきっかけとして、実店舗に足を運んでほしいという狙いがあるのだろう。来店動機を増やして、サイン本以外の本も見てもらう。小売り業としては当たり前の行為である。

日々、膨大な数のお客さんに対応している大型書店とほんの十坪の葉々社を比べる必要もないわけだが、近所に大型書店がない地方在住者に向けて、サイン本を用意し、オンラインストアで予約をとるのはいいアイデアではないかと思った。大型書店が行わないこと、もしくは行えないことを見つけだし、ひとつずつ実行していくのは小さな商いとしても楽しいものだ。サイン本は新刊だけではなく、既刊の良書をアピールする機会にもつながるし、作家・翻訳家のファンの方々のニーズにも応えられる。『アホウドリの迷信』は、北海道から沖縄まで、文字どおり、全国各地の読書家から八十冊程度の予約が入った。このときは、『アホウドリの迷信』以外に柴田さん、岸本さんの既刊も同時に予約をとったため、オンラインストアの売上が二四三冊まで伸びた。

本書でも仕入れの際の掛け率について再三記述しているが、版元と個別に交渉するためには、まずは本を売る力をつける必要がある。いくら掛け率をよくしてくれと言ったところで、本を売る力がなければ、話を聞いてもらえない。逆に言えば、本を売る力があれば、掛け率の交渉が行えるということだ。

夏と冬の売上減少をリカバリーするため、二〇二二年の終わり頃に考えたことは次のみっつだった。

一　長期休暇をとり、インプットの時間とする
二　農家に出稼ぎに行く
三　集客が期待できるイベントを実施する

一と二は、お客さんよりも自分を優先した企画。一は、お客さんが来ないのなら休んでしまえという少々乱暴な企画である。関東圏以外にも次々と新しい本屋が生まれているなか、地方の本屋を巡り、店主と会話をして、仲間を増やすのも悪くない。規模の大きな企画はひとりでは実現不可能なので、同じ志をもった仲間がいると、できることの範囲が大きく広がる。二は、果物（特に桃と梨）を作っている農家に季節労働に出るというもの。日の出とともに働き、日暮れとともに寝るという生活に挑戦してみたいという気持ちがずっと前からある。第一次産業は人手不足が深刻なため、本気で探せば仕事は見つかる（のではないかと考えている）。三は、自分よりもお客さんを優先した企画だ。あれこれ思案した結果、まずはお客さんを最優先に考えて、本と人、人と人をつなげるイベントの実現を目指すことにした。

年明けから知り合いの本屋に声をかけて、「梅屋敷ブックフェスタ」の開催に向けて動きはじめた。会場は、葉々社から徒歩三分程度の距離にある仙六屋カフェだ。天井が高くて窓が大きく、光がさんさんと降り注ぐ気持ちのよい場所である。出店を依頼したのは、「本屋・生活綴方」（神奈川）、「冒険研究所書店」（神奈川）、「本屋 象の旅」（神奈川）、「トワイライト」（東京）、「ポテトチップブックス」（東京）、「タバネルブックス」（東京）の六店。いずれも個性あふれる小さな本屋だ。

開催日は八月二十七日にした。夏の暑い盛りに果たしてお客さんは来てくれるのか、不安を胸に抱えながら開催時間を迎えたが、葉々社の常連をはじめ、初めて出会うお客さんの姿もたくさんあった。

二〇二三年の冬、第二回「梅屋敷ブックフェスタ」を開催。今回は本屋ではなく、海外文学の翻訳家たちに協力を依頼した。メンバーは柴田元幸さん、岸本佐知子さん、宇野和美さん、木下眞穂さん、古川綾子さん、枇谷玲子さんの六人。英語圏だけではなく、スペイン語、ポルトガル語、韓国語、北欧語で綴られた文学にも触れてもらう機会をつくった。翻訳家のみなさんが翻訳した本を葉々社が仕入れ、翻訳家が接客・販売を行う貴重な交流の場となった。

夏も冬もイベントに参加してくれたお客さん、関係者のおかげで、大きな問題などもなく、無事に開催を終えることができた。本好きのお客さんが本屋の店主や翻訳家たちと楽しそうに話している姿が心に残っている。売上も申し分なく、二〇二二年末に設定した課題を少しはクリアできたのではないかと感じている。

サイン本の企画を始めたことで、葉々社の存在を知ってくれたお客さんも増えた。毎月、オンラインストアから注文をもらうと心が踊る。その人が過去に購入した本の履歴を見て、「なるほど、Ｉさんはいま、こういうことに興味があるんや」「Ｎ○さんは海外文学がお好きなのね」など、まだ会ったことがないお客さんの読書傾向に日々、思いを馳せている。次はどんな本を仕入れて、彼ら・彼女らにオススメをしようかと。想像するのが至福の時間なのだ。

二〇二四年の課題は、一カ月、五百冊の売上冊数を安定的に確保すること。実店舗で四百冊、オンラインストアで百冊を目標にする。

19　梅屋敷ブックフェスタ

二〇二三年八月、第一回梅屋敷ブックフェスタを開催した。開店当初から考えていた企画ではなく、一年目の夏が終わる頃、二年目の夏は何か工夫をしないと、また売上が下がることが明白だったため、その解決策のひとつとして思いついた企画だった。会場は葉々社から徒歩三分ほどの距離にある仙六屋カフェ。カフェのイベント窓口を担当している森本さんに企画書を送った。いちばんの目的は、お客さんに本のある世界を楽しんでもらうことだが、葉々社や仙六屋カフェの知名度アップ、そしてもちろん、夏場の売上不足をリカバリーしたいという狙いもあった。

声をかけたメンバーは、本屋が六店舗（タバネルブックス、トワイライライト、冒険研究所書店、ポテトチップブックス、本屋・生活綴方、本屋 象の旅）、読書家のための読書用バッグを制作・販売しているNIR IDENTITY&BOOK、まっちゃねこグッズを制作・販売しているちにゅりさん、そして葉々社のひと箱本棚の棚主である本さんの本棚の計九店。みな、気心が知れたメンバーのため、初めて大きなイベントを行う際に付きもののトラブルは、最小限に抑えられると思っていた。葉々社のブースには翻訳家の柴田元幸さんが駆けつけてくれて、書籍販売の手伝いをしてくれることになった。イベントの告知と宣伝はおもにＳＮＳを利用し、チラシなどを配布することはしなかったが、当日は数多くのお客さんに来場してもらった。それぞれの店の常連、はじめましてのお客さん、葉々社の常連や梅屋敷で暮らしている近所の人たちなど、本を見て、店主と会話をして、いいなと思った本を買ってもらう。至ってシンプルな内容のイベントではあったが、初開催としては上々のスタートが切れたと感じた。

梅屋敷ブックフェスタを開催することを決めたとき、一回だけで終わらせるつもりはなかった。できれば、二回、三回と継続することで、この地域におけるブックイベントとして、定着させたいと考えていた。ただし、いくつか懸念していたこともある。ひとつはどのくらいの頻度でブックフェスタを開催するのが適当かという点。もうひとつはメンバーを固定するのか、それとも毎回違うメンバーで実施するのかという点。梅屋敷ブックフェスタだけに限ったことではないが、イベント会場ではよく本が売れる。それは本屋を始める前に足を運んだ、さまざまなブックイベントで、実際に肌で感じていたことだ。イベントを行えば本は売れる。これは正しい。では、イベントを行わなければ本は売れない。これはどうだろう。正しいような気もするし、そうではない気もする。ただ、間違いがないのは、ブックイベントは（本屋にとって）麻薬のような存在で、中毒性があるため、売上を上げることだけを目的にすると危険であるということだ。つまり、本が売れるからといって、イベントを乱発しすぎると、日常業務が徐々におろそかになる可能性がある。何よりも大切なことはお客さんが楽しめるかどうかだ。メンバー構成については、固定した場合、お客さんは毎回旧友と再会するような懐かしさを味わえるだろうし、変動した場合は新しい友人ができたような気持ちになるかもしれない。どちらがベストであるか明確な答えは出ないだろう。

第二回の梅屋敷ブックフェスタは、二〇二三年十二月に開催した。このときは、翻訳家の柴田元幸さんに相談をし、海外文学翻訳家の方々に声をかけて、ブースに立ち、販売員をお願いすることにした。目的は、翻訳家の方々と海外文学ファンの人たちとの交流の場をつくること。読み終えた本の感想を直接、翻訳家に伝えたり、オススメの本を案内してもらったり、サインを入れてもらったりするなど、海外文学の裾野を広げることを目標に設定した。

柴田さんとの出会いは、お客さんとして店を訪れてくれた開店当初にさかのぼる。レジで会計をするとき、「柴田元幸です。僕の本をたくさん置いてくれてありがとう」と言われたのだ。私にとっての柴田さんはポール・オースターの訳者であり、学生時代の憧れの人でもあり、雲の上のような存在でもあった。出会ったばかりの頃から気さくにお付き合いしていただき、選書のフェアや朗読イベント、サイン本の作成など、さまざまな企画に快く協力してもらっている。二〇二四年十一月に新潮社より発売されたポール・オースター著『４３２１』のサイン本の依頼をしたときは、お客さんへの予約特典として（柴田さんの）手書き翻訳原稿をプレゼントしてはどうかと提案してもらった。このおかげもあり、本書は八百ページを超える大作であるにもかかわらず、全国各地のポール・オースターファンから百冊を超える注文をいただいた。二〇二四年の秋には「小さな海外文学」という海外文学入門者向けの短編シリーズを二作品（イーディス・ウォートン『ウォートン怪談集』、トマス・ハーディ『ロングパドル人間模様』）、柴田元幸訳で葉々社より出版させてもらった。柴田さんは商いの大小を問わず、常にインディペンデントな活動に力を貸してくれるので、頭が下がる思いでいっぱいだ。

参加してくれた翻訳家は、柴田元幸さん（アメリカ文学）、岸本佐知子さん（英語圏文学）、宇野和美さん（スペイン語圏文学）、木下眞穂さん（ポルトガル語圏文学）、古川綾子さん（韓国文学）、枇谷玲子さん（北欧文学）の六人。彼ら・彼女らがこれまでに翻訳した各書を葉々社が仕入れて、仙六屋カフェに搬入し、販売を行った。お客さんにとってはふだんなかなか会うことのできない翻訳家たちと話をすることができて、同じく翻訳家たちにとっても日頃読者と触れ合う機会は少ないため、互いにとって有意義な時間を過ごせたのではないかと思う。言うまでもなく、葉々社にとってもかけがえのない一日になった（本もたくさん売れた）。

二〇二三年の年末、二〇二四年の梅屋敷ブックフェスタの開催について、仙六屋カフェのスタッフと打ち合わせをした。私の希望は、年四回（三月、六月、九月、十二月）の開催。四季に合わせて、季節ごとの開催とすることだった。海外文学の世界をもっと多くの読書家たちに知ってもらうため、海外文学翻訳家の方々をお招きするタイプのブックフェスタは継続して実施することに加えて、二〇二四年度は、前年とは異なるブックフェスタにも挑戦してみたいと思っていた。それが土日の二日間連続開催だ。

カフェに提案した内容はおおむね希望どおりとなった。カフェの運営側としても知名度アップのほか、売上増も見込めるし、地域で暮らす人々のために文化的なイベントを梅屋敷で開催しているということを外に向けてアピールするいい機会にもなる。

二〇二四年三月、独立系書店と小規模出版社を迎え、三回目となる梅屋敷ブックフェスタを、初の土日連続開催とした。土曜日は独立系書店編とし、小鳥書房、necoya books、本と喫茶 サッフォー、本屋BREAD&ROSES、南十字に参加してもらい、ゲスト枠として、福岡県から書肆侃侃房（出版社）をお呼びした。日曜日は小規模出版社編とし、生きのびるブックス、クオン、三輪舎&生活綴方出版部、夏葉社、ナナロク社、雷鳥社に加えて、ゲスト枠として、愛知県からTOUTEN BOOKSTORE（本屋）に来てもらった。本屋編のなかに出版社、出版社編のなかに本屋を、それぞれ交ぜたのは参加者同士の横のつながりができればいいなと思ったからである。三回目の開催ともなると、梅屋敷ブックフェスタの常連もできつつあり、「前回も参加しました」「今回の開催も楽しみに待っていました」など、お客さんから声をかけてもらえるようになった。お客さんの入りも上々で売上にその結果がきちんと反映されていた。

第四回は二〇二四年六月、海外文学翻訳家編の第二弾として開催。このときは、柴田元幸さん（アメリカ文学）、岸本佐知子さん（英語圏文学）、斎藤真理子さん（韓国文学）、白水紀子さん（中国語圏文学）、星泉さん（チベット文学）、阿部賢一さん（中東欧文学）の六人に声をかけた。夏の暑さがそろそろ増してくるような時期の開催だったが、開始と同時に途切れることなく、お客さんが訪問してくれて、翻訳家たちが立つそれぞれのブースで会話を楽しんでいる姿を見ていると、あらためて本屋という仕事は、ただ単純に本を売ることだけではなく、人と人をつなぐことができる仕事でもあることを実感した。

海外文学翻訳家編に参加してもらう翻訳家たちを決めるときに大事にしていることは、言語のバリエーションを出すこと。簡単に言えば、英語ばかりにならないようにするということだ。海外文学書というとどうしても英語の訳書が多い。それはつまり英日翻訳家の数が圧倒的に多いということでもある。お客さんには英語圏の文学以外にも触れてもらいたいため、英語以外の言語で、特にマイナーな言語を翻訳している訳者に参加してもらえるように段取りをしている。マイナーな言語の翻訳書ともなると、大型書店でないと、在庫を常備していないものだが、梅屋敷ブックフェスタを通じて、その言語が育まれてきた歴史や文化を知り、翻訳者のファンがもっと増えればいいなと思う。

常日頃から若手の作家や翻訳家たちの応援ができればと考えている。

この日は、以前、仙六屋カフェで行った韓日翻訳家・清水知佐子さんのイベントで知り合った若手の韓日翻訳家・豊田祥子さんにも声をかけた。「たくさんお客さんが来るイベントになるので、訳書を販売してみませんか」と。彼女からは「ぜひ、お願いします！」という返事が戻ってきた。豊田さんが翻訳した本は、『夢はないけど、成功したいです』というタイトルで、イースト・プレスから出版されていた。彼女に営業担当を紹介してもらい、仕入れの交渉の結果、会場での売り逃しを避けるため、二十冊を委託販売することにした。初めての接客・販売ということで最初は緊張していたようだが、徐々にお客さんとも会話が弾むようになり、最終的には一日で十六冊も売れた。梅屋敷ブックフェスタのような人がたくさん訪れるイベント会場は、若手の作家や翻訳家たちの仕事ぶりをお客さんにアピールするよい機会になる。編集者が来ていれば、自分の夢を語ってもいいし、お客さんに次回作の案内をしてもいい。慣れない作業に疲れたようすも見せていたが、その顔は満足そうだった。

第五回は二〇二四年九月に開催。このときは二〇二三年の第一回開催時に声をかけた六店の本屋（タバネルブックス、トワイライライト、冒険研究所書店、ポテトチップブックス、本屋・生活綴方、本屋 象の旅）に加えて、本屋イトマイ、１００３、そしてアトリエ風戸にも参加してもらった。いずれも私が信頼している店ばかりだ。五回目ともなると全体のオペレーションに多大な時間をとられることもなく、スムーズに事は運ぶ。第一回とほぼ同じメンバー構成にしたのは、昨年、会場に来てくれたお客さんが、ふたたび足を運んでくれることを期待したからだ。出店者同士も「元気にしてた？」「久しぶりー」というようなやりとりがあり、笑顔がこぼれ、その姿を少し離れた位置から見ているだけで幸せな気分に浸れた。第五回は、特に近所で暮らしていると思われる人たちの来店が増えたように感じた。買い物袋を持った人や洋服が軽装だった人が多かったからだ。葉々社の店内では会ったことがない人も多数存在し、いつか店にも来てくれるといいなと思った。第五回も開場と同時に多くのお客さんに訪問していただき、盛況のうちに幕を閉じた。少しずつ、この地域の定期的なイベントとして定着しつつあることを実感しながら。

第六回は二〇二四年十二月、海外文学翻訳家編の第三弾として開催した。出演を依頼した翻訳家は、柴田元幸さん（アメリカ文学）、小澤身和子さん（英語圏文学）、吉川 凪さん（韓国文学）、母袋夏生さん（ヘブライ語文学）、宮﨑真紀さん（スペイン語圏文学・英語圏文学）、松下隆志さん（ロシア文学）、西野恵子さん（インドネシア文学）の七人。そのほか、北欧語の翻訳家であり、小さな出版社の代表も務める子ども時代の枇谷玲子さん、アジア文芸ライブラリーを立ち上げた春秋社の編集者である荒木 駿さんにも声をかけた。自社の海外文学出版に関する取り組みについて、本の販売を通じてアピールしてみてはどうですかと。海外文学翻訳家編を実施するときは、二回の座談会を設けている。翻訳家を二チームに分けたうえで、会場のスペースを使って、お客さんに話を聞いてもらう。今回は、〇〇文学の最大の魅力や、とっておきの一節を朗読してもらった。イスラエルとパレスチナ、ロシアとウクライナが現在このような状態にあるなか、文学は何のために存在しているのか、母袋さんと松下さんが苦しい胸の内を少し語ってくれたことが印象に残っている。

規模の拡大は望んでいないので、二〇二五年も二〇二四年と同様、お客さんも出店者も仙六屋カフェもみんなが幸せになれるブックイベントとして継続していきたい。

20　分室スタート

葉々社が入っている建物は、築五十年以上の古い木造家屋で、一階と二階がある。私がこの物件を契約したときは、葉々社の隣がアイスクリーム製造所、その隣がトンカツ屋だった。アイスクリーム製造所は葉々社から歩いてすぐの場所にある仙六屋カフェが運営していて、カフェでお客さんに提供する福田屋直伝のクリームモナカを作っている。トンカツ屋は店主が高齢だったこともあり、葉々社が開店してから間もなく、店を閉じられた。二階は住居スペースになっていて、昔のテレビドラマなんかでよく見かけた下宿場のような構造になっていた。建物の中央に長い廊下があり、風呂なし、トイレは共同。畳敷きの和室が六部屋用意されていた。葉々社の開店準備を進めていた頃は、一部屋だけ住人が暮らしていたが、いつの頃からか、生活音がしなくなり、気づくと二階からは一切物音が消えていた。

さて、二階はどのように活用されるのか、一階を利用している私としては気になるところだった。本来、本屋は静かな空間であってほしい。少なくとも大声で話してもよい空間ではないだろう。だからといって、ひそひそ話をしてもらいたいわけでもなく、そのあたりの裁量はお客さんに任せている。二階のスペースが今後、どのように活用されるのかについては、工事を担っていた工務店の担当者から適宜、情報を共有してもらっていた。いつ、どんな工事を始めるのか。どんな空間をつくり、誰に借りてもらうのか。木造物件ということもあるからなのか、二階の物音や話し声がダイレクトに一階に伝わるため、店内の静けさをある程度担保するには、二階の住人がどんな人になるのかがきわめて重要な問題であるように思われた。工務店の担当者に話を聞くと、いますぐに誰かが引っ越してくるというわけではなかったが、誰かに貸し出せる状態までに仕上げるための工事を行うということだった。一階の営業をストレスなく継続するのに最適な答えは、二階も自らが借りるということだが、毎月のランニングコストを考えると、すぐには実行に移せなかった。もやもやする日がしばらく続く。工事が入るたびに聞こえる音。あらためて、私自身は音にとても敏感に反応する人間であることに気づく。自分にとってのうるさい音はできるかぎり、遠くに置いておきたい。

ある日、思いついた。

ひとりで借りるのが難しいのなら、複数人で借りればよいのではないか。さっそく知り合いに声をかけた。葉々社の二階のスペースをいっしょに借りて、それぞれが好きなことをやりませんか、と。最終的には私を除いた、三人(二人のプロ写真家と絵本専門士の資格をもつ人)の方々に了承をもらい、合計四人で物件を借りることにした。これでひとまず、家賃の問題はクリア。毎月ひとり二万二千円(税込)の負担で、写真展示やイラスト展示、ワークショップ、読書会、サイン会など、やりたいことに挑戦できる環境が整った。

物件の引き渡しは、二〇二三年十月。スケルトンの状態だったため、二階全体をひとつのアトリエのようにするための工事の見積もりを工務店にお願いしたところ、資材価格の高騰や物価高の影響によって想定していたよりも高く、仲間と相談した結果、自分たちでＤＩＹすることにした。

そして、ここからが長かった。

私は定休日の火曜日しか時間がとれないため、基本的には火曜日を中心に改装の予定を組んだ。仲間のうち、ふたりはプロの写真家で、当然ながら日々の仕事があるため、彼ら・彼女らにも予定を出してもらい、作業時間を確保した。毎週のように近所のコーナンに通い、改装のための材料を買い込む。YouTubeを見て、作業の流れと方法を学ぶ。壁や天井をペンキで塗り、壁紙と床板を貼って、電気を取り付け、テーブルとイスを購入するまでに二カ月ほどの時間が必要だった。素人が初めて挑戦したわりには全体的にきれいに仕上がり、何よりコストを大幅に削減できたことが収穫でもあった。こうして、ひと部屋はプロ写真家が撮影した写真を常設展示するスペース、もうひと部屋はワークショップや読書会、サイン会などを行うためのスペースとして、本格的に運用していく準備が整った。

季節は秋から冬へと移り変わり、十二月十五日、晴れてお客さんにお披露目できる日がやってきた。常連を中心に完成した分室（と呼ぶことにした）を見てもらい、もし、このスペースを自分が活用するとしたら、どんなことができそうかを想像してもらった。分室は、時間貸し（一時間二千円）も行うつもりだったため、仕上がり具合をお客さんと共有しておきたかったのだ。

完成すれば活用していかなければならず、いくつか思いついた企画をまとめて、募集を開始。二〇二四年一月より、次のような企画を実際に実行していった。

・ZINEDAY
・本屋と相談
・本とおやつ
・詩と詩人
・◯◯の日

ZINEDAYは、小さな本をお客さんに届けるための小さなイベントだ。ZINEやリトルプレスを制作している作り手を分室に招き、お客さんに直接販売してもらう。大都市圏で開催される文学フリマのようなブックイベントは、お客さんがあまりにも多く来すぎてしまい、作り手とお客さんのコミュニケーションがとりづらくなってきていることをよく耳にする。その課題を解決できないかと思って企画した。葉々社に来店してくれたお客さんが二階に上がり、作り手と会話を交わしながら、欲しい本を探す。作り手もお客さんも楽しい時間を共有できる場となった。

本屋と相談は、本屋の開業を目指している人、本作りに挑戦してみたい人を対象にした企画。本屋と出版社を兼務している私がお客さんの相談に乗る。実際に企画を走らせてみると、参加者の方々はいろいろなことで悩みを抱えている。世の中には調べればわかること以外に実際に経験してみないとわからないことも多い。近くに相談できる人がいる場合はよいが、そうではない人たちの受け皿になれる企画であると感じている。本屋を作りたい、本を出版したいと考えている人は想像以上に多いのかもしれない。

本とおやつは、好きなおやつを持ち寄り、本について話すというただそれだけの会。毎回、参加者が持参したおやつについて説明をして、みんなでシェアをして食べる、そして話す。おやつの説明を聞くのも楽しい。和菓子も洋菓子もいい。時には政治の話が長くなりすぎることもあるし、それぞれの仕事の話を聞くこともあるが、大事なことはリラックスして話せる場であるということだけで、それ以外には何もない。ものすごくゆるい時間が過ぎていく。家とも職場ともちがう、さまざまな属性の人たちが集う、いい空間だ。

詩と詩人は、好きな詩、もしくは好きな詩人について話す企画。日常生活を送るなかで詩と接する機会はそれほど多くないかもしれないけれど、私自身は詩がもっと広く読まれることを望んでいる。素敵な詩と出合うことができれば、暗唱するほどに読み込み、その詩はその人の人生にずっと寄り添ってくれるものになるかもしれない。私は茨木のり子の「自分の感受性くらい」、新川和江の「わたしを束ねないで」が好きだ。前者は仕事をしていて自分自身を見失いそうになったとき、後者は何者にも縛られず、自由に生きることとはどういうことなのかを考えるときにページを開く。

○○の日は、○○のなかに出版社や人の名前が入る。出版社の代表（もしくは社員）とその出版社から本を出版している著者に協力をいただく企画だ。お客さんが直接、著者と話ができて、本の感想を伝えたり、サインを入れてもらったりと、両者の交流を深めるのが目的である。これまでに百万年書房、夏葉社、スーパー8、人々舎、現代書館、月とコンパス、点滅社、ナナロク社、時事通信出版局、me and you、雷鳥社、素粒社ほかに参加してもらった。小さな出版社と小さな本屋は相性がいいと感じているし、イベントを通じて小さな出版社のファンが増えれば、結果としてその出版社の本も売れるのではないかと考えている。すぐには好結果が得られないかもしれないが、分室という場所を確保したので、あせらずにゆっくりと時間をかけて育てていきたい。

時間貸し利用は、読書会を開催する場所として活用してもらっている。いずれも葉々社の常連が主催者となり、課題本を決めて、集客と集金も独自に行っている。私は文字どおり、場所を貸しているだけである。ただし、課題本をわざわざ葉々社で注文してくれる常連も多く、売上的にはたいへんありがたく、感謝もしている。

21　信頼関係のその先に

お客さんと信頼関係を結んだ先に見えてくる景色を、二〇二二年四月の開店以来、ずっと考えてきた。

信頼関係それ自体は、目に見えるものではないため、あくまで感覚的なものにすぎないのだが、信頼関係を結べていると感じられるお客さんの数が増えれば、日々の成果に必ず数字として反映されるはずだと信じて、これまで試行錯誤を繰り返してきた。

原稿を書いている二〇二四年十二月九日現在、開店前に自分が思い描いていた景色が少しずつ、現実のものになりつつある。

それはどんな景色なのか。

理想を理想のまま終わらせるのではなく、現実に近づけるため、実直に実行してきたことと言えば、どれもシンプルなことばかりだ。

まずは、お客さんのために仕事をする。本を買ってくれるお客さんに喜んでもらえることに力を注いできた。それはたとえば、小上がりの展示スペースを利用したフェアであったり、仙六屋カフェで行う作家・翻訳家のトークイベントであったり、サイン本の企画であったりする。本に触れてもらう機会をつくり、作家・翻訳家のファンになってもらうための場を創出してきた。

次に決めた時間にきちんと店を開けるということ。当たり前と言えば、当たり前の話なのだが、急を要する案件以外は、できるかぎり安定的に店を営業することを心がけてきた。いまは月曜日と火曜日を定休日に設定していて週に五日営業しているのだが、それでもお客さんからは「あなたの店はいつ来ても閉まっている」とよく言われる。基本、妻とふたりで店を切り盛りしているため、日々の体調管理はもちろん、心の状態も適度に整えておかないと、気持ちのいい接客ができなくなる。近所でも遠方からでもせっかく店を訪れてくれたお客さんをがっかりさせないためには、自分で決めた営業時間を守り抜く必要がある。

みっつ目。居心地のよい空間を保つこと。掃除をして清潔な状態をキープして、店に入ったときに感じるにおいにも気をつける。棚差しの本の背表紙がガタガタしないように注意をし、お客さんが見にくい位置にはできるだけ本を陳列しないようにする。これらは自分が客として他店を訪問したときにチェックしてきた項目であり、自分の店ではそうならないようにしようと決めていたことでもある。

四つ目。新刊と既刊、自分が読みたい本とお客さんに読んでもらいたい本のバランスをとる。現在の出版業界は新刊偏重が続いているが、既刊の掘り起こしにも力を入れて、仕入れを行ってきた。新刊は文字どおり新刊なので、世の中にその本を読んだことのある人が少ないという意味において、潜在的な読者の数が多い。商売するうえでは当然、仕入れる必要がある。ただ、現状は商品サイクルが短すぎるため、今日の新刊は明日には既刊になる。毎週のように店に来てくれるお客さんのことを考えると、平台には適度に新刊を並べたい。棚の新陳代謝も必須だろう。いつ来ても同じ本がずっと並んでいると、来店動機が下がると考えているからだ。しかし、既刊も大切に扱いたい。版を重ねてきた、長く読み継がれてきた本。安心感とともに読者に手渡すことができる本。葉々社の棚にあるべき本。そういう本を探し続けている。自分が読みたい本とお客さんに読んでもらいたい本のバランスも重要だ。前者を重視しすぎると独りよがりのラインアップになり、後者を意識しすぎると店の個性が薄れていく。お客さんの顔が見えて、読書傾向がわかってきたいまこそ、両者のバランスを上手にとる必要がある。葉々社らしい品ぞろえを保ちつつ、お客さんのニーズにも応える。本屋としての腕の見せどころでもある。

五つ目。コミュニケーションを大事にする。これはリアルな本屋としての店を訪れてくれるお客さんも、オンラインストアを利用してくれるお客さんも同じように考えていることだ。本を通じて会話をしたいと思っている。テーマは必ずしも本である必要はない。天気の話でも最近食べた料理の話でも好きな映画や本屋の話でもよい。無人本屋ではないので、言葉を交わしながら本を売りたい。静かに本を選んでいるお客さんに対して、こちらから話しかけることはしないが、レジで会計を行うとき、ひとこと、ふたこと言葉をやりとりすることは多い。ちょっとした会話から次にオススメしたい本が思い浮かぶこともあるし、そのお客さんのことを少しずつ知るきっかけにもなる。オンラインストアのお客さんは、その多くが顔も年齢も声も知らないわけだが、本を購入する際、備考欄に短いコメントを残してくれる人が増えた。前回、購入した本の感想だったり、「いつもありがとうございます」といった感謝を述べる言葉だったりする。遠方で暮らすお客さんともコミュニケーションがとれているようで温かい気持ちになる。こうして私自身がお客さんのことを知り、お客さんのためにできる仕事の幅が広がっていく。

信頼関係を結んだ先に見えてきた景色は、簡単にいうと、葉々社の関係人口が増えてきたということだ。本屋に来てくれるお客さん、オンラインストアを定期的にのぞいてくれるお客さんをはじめ、出版社の編集者や営業担当、作家や翻訳家、イラストレーター、仙六屋カフェのスタッフなど、数多くの人たちの応援や協力があるからこそ、いまがある。初年度と比較すると、毎月の売上もずいぶん安定してきた。それは毎月、または毎週のように店やオンラインストアを訪問してくれるお客さんの数が増えてきたからだ。私の肌感覚でいうと、毎月の売上がこれ以上は低くならないというラインが見えてきた。出版業を行わなければ、赤字にはならないのではないかと思う。ここまで来るのに三年近くの時間が必要だったが、当初の予定では黒字化するのに五年はかかるかなと考えていたので、結果としては早めに到達できた。

本屋としての事業が安定してくれば、お客さんのためにチャレンジできる事柄も増える。目の前にある売上は言うまでもなく大切だが、新しいことに資金を投資することで、新たなお客さんとの出会いも増えるだろう。信頼は突然、空から降ってくるものではないので、日本のどこかで暮らしている本好きのお客さんのために日常の営みを大事にして生きていきたい。

第3章　顔が見える店主

22　読書について

東京・神保町にある出版社に勤務していた頃は、電車での往復一時間程度を読書の時間に割り当てることができていた。自宅での読書時間を含めて、これでだいたい単行本や新書、文庫を週に一冊読み終える感じ。都内ではなく、神奈川県藤沢市で暮らしていたときは、東海道本線で新橋までたっぷり五十分。十分すぎるほどの読書時間を確保できていた。

自宅には自宅でしか読まない本が多数存在する。持ち歩くのがたいへんな分厚い本、本を傷めたくない装丁が美しい本、物語に没入したい小説など。これらは外に出かけるときのお供にはならない。あくまで自宅で読むための本に任命される。外出するときに持ち出す本は、カバーや帯を外す。カバンのなかでぐちゃぐちゃになり、本が傷んでいく姿を見たくないからだ。ただ、この本はとてもいい本なので、世の中の人たちにアピールしたいと思ったときは、カバーも帯も付けた状態で読む。電車のつり革を持ち、片手で本を開いた状態で、目の前に座っている、スマホ画面に目を落とす見ず知らずの乗客に対して、いま読んでいる本を思い切りアピールするのだ。「この本、最高ですよ」と。

東京の通勤電車は、朝夕のラッシュ時は言うまでもなく、どの時間帯もそれなりに混んでいる。混んでいるなかで本を読むには、まずはパーソナルスペースを確保する必要がある。私の場合、扉付近ではなく、車両の中央付近を選択する。このあたりにいると、乗客の多くは中央を境にして左右の扉に向かって移動するため、人の流れが比較的少なく、落ち着いて本が読める。この場所を無事に確保できたら、カバンから本を取り出し、下車する駅まで、しばしの読書タイムとなる。

私は、本を読むスピードは決して速くない。葉々社の常連たちの話を聞いていると、かなり遅いほうだと思う。急いで読まないからだが、書かれている内容を理解するのにも時間がかかる。これは本だけに限定したことではないのだが、契約書や企画書、何かの説明書きに至るまで、読んで頭で理解するのにけっこうな時間が必要になる。理解しなくても読み進めることができる本もあるだろうが、私はできれば一文ごとの意味も理解したい。読んでいる本があまりにもおもしろくて思わず徹夜したというような経験もほぼない。本を読むための集中力が加齢とともに低下していることもその理由のひとつだと思うが、数時間の読書で、たとえば百ページを一気に読み終えた場合、それでその日は満足してしまう。読み終えたページをパラパラとめくり、「ふー、今日はけっこう進んだな」と。気分的には「今日はこのくらいで勘弁しといたろう」といった感じだが、本はそう思っていないかもしれない。

これまで本は複数冊を常に並行して読んできた。いまも昔も変わらない。読みたい本はいつでも山盛り状態なので、ちょっとずつ「つまみ読み」をしたいのだ。一冊を読み終えてから次の一冊を手にするのではなく、手のなかには常に複数の本を置いておきたい。感覚的にはジャンルの異なる本を、五冊程度選んで毎日違う本を順番に少しずつ読んでいる。脳が疲れているときは、小難しい話題の本を読んでもまったく文章が頭のなかに入ってこないので、そんな日は詩や短歌、エッセイなど、短文で構成されている本や、ライトな読み口の本をリラックスしながら読む。

また、複数の小説を同時に読むこともない。これは単純に登場人物があまりにもたくさんいると、物語を追えなくなるからだ。小説の最後の一文は読者の多くにとって気になる存在で、もちろん私にとっても大きな問題である。読後感は最後の一文で決まると断言してもいいかもしれない。その最後の一文を、私は最初に読むこともある。これは「えー、なんで?」という声が多く聞こえてきそうだが、この最後の一文が自分自身の感覚に合うのか、合わないのかをはじめに確認しておきたいという気持ちがある。過去に何冊かの著作を読んだことのある作家の場合は、そんなことはしないのだが、初めて読む作家の場合は、最後の一文をチラッと確認する。あくまでチラッとなので、実際に読み進めたときにはどんな結末になるのか、完全に忘れているという自信がある。この行為は、たとえるなら、洋服屋の大きな鏡の前に立ち、自分が選んだ服を体にそっと合わせているようなイメージだ。最後の一文がいまの自分にしっくりくるのか、こないのかを読む前にチェックしてから実際に読むかどうかを決めたい。

なぜ、こんなことを思うのかを考えてみた。それはおそらく自分の現在の年齢とかかわりがある。五十歳を超えたいま、残された時間のなかでいったい何冊の本を読めるのか。大した冊数ではないことは明らかだが、できるだけたくさんの(できればよい)本と出合いたい。昔は、いちど購入した本は最後まで頑張って読んでいた。途中、まったくおもしろくなくても。最後の最後でおもしろくなるかもしれないという淡い期待をずっともちつつ。読むことを途中でやめることは、何かに負けた感じがしていやだった。しかし、いまはそうではない。おもしろくならない本は、読むのを諦める。韓国ドラマは第四話くらいからおもしろくなりはじめるので、第三話までをどう乗り越えるのかがカギになる（第三話まではおもしろくなくても我慢して観る）が、本もそういう意味においては、第三話に相当するページまではとりあえず読む。ただ、第四話に相当するページ以降もまったくおもしろくならないときは、読むことを放棄する。

自分の興味の赴くままに読む本があれば、お客さんにオススメしたい本を優先的に読むこともある。出版社から依頼されて読む本もあるし、お客さんにオススメしてもらった本を読むことも、もちろんある。本屋を始めてからは公私の区別が限りなく曖昧になっているが、自分のために読む本が「私」で、お客さんや出版社のために読む本が「公」であるとも言える。どちらにも共通しているのは、おもしろくない本は無理をして読まないこと。時間は有限なのである。

23 本屋なのに本が読めない

葉々社を開店した一年目はまったく本が読めなかった。毎日、数多くの本に触れていながら、一冊のまえがきからあとがきまで、通して読むことができなかった。より正確に表現するなら、本を読む時間を、日常生活のなかに捻出することができなかったのである。

情けなくもあり、あせりもあった。本屋なのになぜ本が読めないのか、と。次々に新たな本を購入していくお客さん。常連からは読書後の感想を聞く。自分も読んだ本の感想をお客さんに伝えたいのだが、一年目はもどかしい日々が続いた。

一年目の営業を終えた年末、なぜ本を読めなかったのかを分析した。考えられる理由はみっつあった。ひとつ目は、通勤が電車から自転車になり、通勤時間を読書の時間に充当することができなくなったこと。ふたつ目は、本屋の運営が人生初めての経験だったため、さまざまなオペレーションを体に馴染ませるのに時間が必要だったこと。言い換えれば、初体験の事柄が多すぎたため、心の余裕をもてなかった。そして、みっつ目は、一日に摂取できる文字情報の限界値を超えたこと。重箱の隅をつつけば、ほかにも細かな原因は見つかると思うが、大きな理由はこのみっつだった。二年目を迎えるにあたり、これらの課題を解決しなければ、おそらく二年目も一年目と同様、本屋なのに本が読めないという事態に陥ることは目に見えていた。

時々、店を訪れたお客さんから、「店内の本はすべて読んだことがあるんですか?」と聞かれることがある。お客さんにとっては何気ない、素朴な疑問なのだろう。答えはもちろん、ノーなのだが、こちらは少しドキッとする。「読んでるわけないやん」という気持ちと「本屋はすべての本を読まないとやっていけないのか」という気持ちが交錯する。この質問の意味するところは何なのかに少し興味がある。たとえば、魚屋で魚を買うとき、店長に「この店の魚はすべて食べたことがあるんですか?」と質問するだろうか。または洋服屋で洋服を買うとき、店長に「この店の洋服はすべて着たことがあるんですか?」と聞くだろうか。同じ小売り業のはずなのに、なぜ、本屋にのみ生まれる問いなのか。

これまでの傾向から推測すると、このような質問をするお客さんは、ふだんはあまり本を読まない人が多いのではないか。そのため、間違いのない、失敗のない買い物をしたいと思っている。自分で本を選べないからこそ、本に詳しい店主に助言を求めているのだろうと想像する。しかし、である。残念ながらすべての本は読んでいないし、現実問題として読めない。店に並べるにふさわしい本かどうかは、仕入れを検討するときにそのつど判断をしているが、それらのすべてに目を通しているわけではない。

先日、こんなことがあった。社会人一年目の青年。仕事の都合で最近、近所に引っ越してきたという。

「おじさんのオススメはありますか?」

(おじさん?)(私のこと?)おっ、うん、どんな本がいいですか?」

「仕事で物事を考える時間が長いので、何も考えずに読める本がいいです」

「なら、小説やエッセイはどうですか?」

たしかこんなやりとりを交わした。

大阪にいるめいとおい以外から初めておじさんと言われた瞬間だった。店長ではなく、おじさん。彼の年齢からすると、紛れもないおじさんなのだが、至近距離でおじさんと呼ばれると、その事実を受け入れるまでに少し時間がかかった。

すべての本は読めないけれど、せっかく店に来てくれたお客さんの要望にはきちんと応えていきたいと、気持ちを新たにした。ＡＩのアルゴリズムによって弾き出されたオススメの一冊ではなく、生身の人間に対して、生身の人間が提案する一冊。リアルな本屋としての腕の見せどころではないか。ちなみにこのときは何も買ってもらえなかった。

本屋なのに本が読めない。

この問題を解決するために二年目は、いくつかの具体案を実行することにした。まず、ひとつ目は、午前零時になったらとりあえず本を手にとり、ページをめくる。毎晩のルーティンにすることで本を読むための時間を確保した。どの程度、読み進めることができるのかは問題にしない。大事なのは毎晩継続すること。できれば息を吸ったり、吐いたりすることと同じように意識しなくても本が読めるような環境を整えたい。疲れているときもそうでないときも必ず本を手にしてみる。調子がよければ、一時間ほど読書を続けることができるが、脳が疲れているときは文章を受け付けることができず、十五分ほどで本を閉じることもあるが、それでもいいということにした。長く続けるためには無理はしないと決めているからだ。ソファの傍らにある小さなテーブルには常に十冊程度の本が積んである状態で、そのときの気分によって、毎晩手にする本が変わる。内容がおもしろければ、その本を一週間続けて読むこともあるが、「今日はノンフィクションを読みたい」「今晩は物語の世界へ」など、こちらの気持ちや体調によって、読む本を自由に選べるように工夫している。

改善策のふたつ目は、一日に摂取できる文字情報の限界値を超えないようにすること。何事も適量であることは、私にとって生きていくうえでの大事な指針になっているわけだが、コップに水を入れすぎると、当然ながらあふれるのと同じく、本屋のなかで一日中、文字情報を追いかけていると、自宅に帰ったとき、脳が文字を受け付けなくなる。この状態を回避するため、二年目は文字情報を扱う仕事をほどほどにして、帰宅後も文章を読める余裕をもたせることにした。読者のみなさんも社内で一日中、パソコンに向かっていると目が疲れてきたり、頭が痛くなったりすることがあると思うが、私の場合はより顕著に影響が出る。いったん本屋に到着すると、営業で外回りをすることもなく、ランチのために屋外に出かけることもないので、店内だけでいろんな事象に対応していかなければならない。行動範囲が極端に狭いため、リフレッシュをしたり、リラックスをしたり、仕事をするうえで上手にメリハリをつけないと、なかなか精神を安定させることができない。一日ずっと文字情報を扱う仕事ばかりをするのではなく、棚の状態をチェックしたり、時にはラジオやポッドキャストを聞いたりして、目を休める時間をとるようにした。

これらふたつの具体案を実施することにより、二年目の読書環境はずいぶん改善された。そして、読んだ本を読者のみなさんにしぶとく長く継続して案内することを思いつき、実際に行動に移すことにしたのだ。

24　無理はしないと決めている

出版社に勤務していた頃は、ずっと忙しかった。特に一社目の東京ニュース通信社では編集に携わっていた媒体が週刊誌のTVガイドということもあり、毎週入稿と校了があった。入稿が終わった瞬間に校了が迫り、校了した瞬間に入稿が始まるサイクルのもと、あっという間に時間が過ぎた。仕事自体は楽しかった。ただ、毎日が充実していたのかどうかはわからない。与えられた仕事を締め切り内に終えることで必死だったからだ。

新卒の新入社員を毎年募集していた会社だったので、先輩も後輩もできた。早朝に仕事が終わればいいほうで、ライターから原稿が来なければ家には帰れず、そのまま会社に滞在することになる。当時はまだパソコンがそれほど普及していなかったため、原稿整理はワープロを使い、感熱紙に出力。フロッピーディスクに保存した原稿と出力紙を印刷所に入稿していた。その日の仕事が終われば、先輩や後輩と築地場外の店で朝ごはんを食べるか、新橋でちょっと飲んで帰るかの日々。それが二十代の私のすべてだった。

二十代は仕事しかしていないような気がする。煙草は吸わず、酒は多少は飲めるものの基本的に好きではない。洋服はあるものを適当に着ていたし、車やバイクにも興味はない。お金の使い先と言えば、旅と本になるのだが、この頃は忙しくて頻繁には旅に出られなかった。唯一、本屋だけが心の拠り所だったのだ。

精神的に追い詰められることはなかったが、肉体的には苦労した。毎年、花粉症のシーズンになると、目の調子が悪くなった。目やにが出て、寝ているあいだに目をこするので、さらに悪化する。朝、目が覚めると、かぴかぴに乾燥した目やにで目が開かないなんてことがしょっちゅうあった。眼科で目薬を処方してもらい、何とかその期間をだましだましのぐわけだが、この季節に撮影した写真のなかの私はだいたい眼帯をして、疲れた顔をしていた。

段取りと要領は昔からいいほうだと思う。

立体駐車場の管理人や佐川急便、居酒屋の調理担当、新規開店スーパーの自転車整理、年末年始のモチ作り、アート作品販売の会場設営・撤去、ホテルの清掃、靴卸しの倉庫、文房具卸しの倉庫、肉屋の工場など、学生時代は暇さえあれば、短期アルバイトを探していた。この頃はまだ欲望があった。ケンウッドの大型コンポを買いたいとか、アップルのパソコン・パフォーマが欲しいとか、コールハーンのローファーを履いてみたいとか。本以外にも欲しいものがあったのだ。そして、欲しいものを購入するためにバイトに励んだ。短期バイトなら段取りや要領はそれほど必要ではなく、流れに任せて仕事を進めていれば、知らないあいだに就業時間を迎えるわけだが、長期バイトの場合はそうはいかない。目の前にあるタスクについて、いちど、棚卸しをして、どの作業から行うのが効率的なのかを自分なりに考えないといけない。スタートダッシュを決めたところでゴールは近くには存在しないからだ。

学生時代のアルバイト経験は、確実に社会人としての私にも役立っている。眼前に迫りつつある仕事の量が多ければ多いほど、気持ちはあせるものだが、そんなときこそ、ひと呼吸ついてみる。冷静になり、仕事の数と内容をメモに書き出して整理をする。できれば、それぞれの仕事に対して、締め切りも設定する。ポイントは締め切りが遠くにある仕事も少しずつ進めておくことだ。頭のなかにあるイメージは、子どもの頃に公園の砂場で遊んだ「山くずし」である。ひとかきでがばっと砂を取るのではなく、少しずつ取る。無理のない範囲で取ればいい。そうすると、山脈のように連なっていた仕事の山々が、知らないあいだに小さく、こぶりな山々へと変化していく。

会社員時代、頭のなかだけで把握できないくらいの仕事量になったとき、私は、明日の私に向けて一通のメールを書いてから退社していた。その内容は、明日のタスクを箇条書きにしたものだ。明日、やるべきことを目視することで、いったん気持ちを落ち着かせる（明日もやることがめちゃくちゃあるな、と意気消沈することも多々あった）。次の日、出社したら、そのメールをプリントして、机の上に貼る。ひとつずつ、タスクを終えるたびに赤線を引き、すべて終わったら退社するということを実践していた。

この日々を繰り返すと、自分が対応できる一日の仕事量を把握できるようになる。ゲリラ豪雨が発生して、一時間あたりの排水処理が間に合わなくなると、水があふれだすのと同じように、私個人としての処理能力を超えるような仕事量を抱えると、キャパオーバー、以上終了となる。これは葉々社を利用してくれているお客さんに迷惑がかかるので避けたい。

いまはどの程度の仕事量なら、こなせるかどうかがわかっているので、過度に仕事を引き受けることもないし、ぎゅうぎゅうに仕事を詰めることもない。副店主の妻や常連のお客さんにも店のサポートをお願いしているとはいえ、店主である私の心と体のバランスを適度に保っておくことが、全国各地に存在するお客さんに対しても大事なことだと感じている。

隣の芝生は青い。

これはひとつの真理であろうと思う。他人と自分とを比べてしまうと際限がない。精神的にもいいことがない。誰かが行っていることに追いつくため、分不相応な振る舞いをすると必ずひずみが出る。そして、ミスが増える。もしかすると、お客さんの信頼を失うような事態にもなりかねない。何事も丁寧に、必要なら時間をかけて行う。日々、心がけていることだ。

全身全霊で仕事に取り組みすぎずに、余白を少しだけ設けつつ働く。この働き方が自分にとっても、お客さんにとっても合っているのではないかと思う。余白を定期的につくっておけば、その余白を使って、できることも増える。美術館や博物館に行ってもいいし、自宅でゆっくり休息してもいい。遠くにいる本屋の店主に会いに行くのも楽しい。

自分が置かれた状況によっては、全身全霊で仕事に取り組まざるを得ない時期もあるだろう。ただ、その期間が長くなればなるほど、心も体も疲弊していく。それを防ぐには常に自分の心の声に耳を傾ける余裕（もしくは習慣）をもっておくことが大切だ。

そんなことを考えていたときに出合った本を一冊紹介したい。文芸評論家の三宅香帆さんが書いた『なぜ働いていると本が読めなくなるのか』という集英社新書である。内容は書名のとおりで、読書と労働の関係性について、明治時代から現代までの状況を、豊富なデータを参照しながらひもといていく意欲作だ。とても共感した文章を引用する。

20世紀、私たちは常に、自分の外部にいるものと戦ってきた。たとえば他国との戦争、政府への反抗、上司への反発。――私たちが戦う理由は、支配されないため、だった。

しかし21世紀、実は私たちの敵は、自分の内側にいるという。

新自由主義は決して外部から人間を強制しようとしない。むしろ競争心を煽ることで、あくまで「自分から」戦いに参加させようとする。なぜなら新自由主義は自己責任と自己決定を重視するからだ。だからこそ現代において――私たちが戦う理由は、自分が望むから、なのだ。

戦いを望み続けた自己はどうなるのだろう？

疲れるのだ。

その結果として人は、鬱病や、燃え尽き症候群といった、精神疾患に至る。

（中略）

そもそも新自由主義社会は人々が「頑張りすぎてしまう」構造を生みやすく、それは会社が強制するかどうかの問題ではない。個人が「頑張りすぎたくなってしまう」ことが、今の社会の問題点なのである。本書の文脈に沿わせると、「働きながら本が読めなくなるくらい、全身全霊で働きたくなってしまう」ように個人が仕向けられているのが、現代社会なのだ。◆1

お客さんのよりよい読書環境を整えるために、私は、無理はしないと決めている。

◆1　三宅香帆『なぜ働いていると本が読めなくなるのか』集英社、二〇二四、二四五〜二四六頁

25　偶然の出合い、必然の出合い

両親は本好きではなかった。家に本がある家庭で育ったわけでもない。ただ、私のこれまでの人生においては、本は長らく近しい存在だった。嫌いになったこともない。偶然であれ、必然であれ、いつも手の届く範囲には必ず本があった。

子どもの頃から本が好きだった。家の近所には街の小さな本屋が二軒あり、ニチイ（イオンの前身）のなかにも一軒あった。母親の買い物についていくたび、好きな本を一冊買ってもらったことをよく覚えている、なぜ、本を好きになったのかは覚えていない。いまのようにインターネットもゲームもない時代で、娯楽と言えば公園で野球やサッカーをするぐらいしかなかったためかもしれない。当時は本に触れることができる時間がたくさんあった。小学生の頃はもっぱら世界の偉人シリーズの本を読んだ。同級生の〇くんの自宅に全巻そろっていたので、頻繁に遊びに行き、部屋にこもって夢中で読んだ。エジソンやヘレン・

ケラー、キュリー夫人ら。学校の勉強とは違う、世界の扉が開くような感覚が楽しかった。小学校高学年になると鉄道に興味をもちはじめ、父親のカメラを借りて、大阪駅や新大阪駅に通い、写真を撮りはじめる。時刻表を参考にして、どの車両をどの順番で撮影するのかをメモにまとめて、友だちと駅構内を走り回った。『鉄道ダイヤ情報』は大切な情報源で発売日になると必ず本屋に立ち寄り、臨時列車の予定が書かれているページをチェックした。

中学時代はバスケットボール部の活動が忙しくて本から少し離れたものの、高校に入学すると仲のよかった友だちが本好きということもあり、読了した本を互いに貸し借りする間柄になった。高校一年生の頃に村上春樹さんの『ノルウェイの森』を読み、大きな衝撃を受けた。村上春樹さんからスコット・フィッツジェラルドやレイモンド・カーヴァー、ティム・オブライエンへと海外文学の扉が開き、この頃、柴田元幸さん訳のポール・オースターとも出合う。高校へは電車に乗って通っていたため、活動範囲が格段に広がり、大阪駅の周辺にある大型書店にも通いはじめるようになる。

好きだったのは阪急梅田駅構内にある紀伊國屋書店梅田本店と、曽根崎にあった旭屋書店本店（二〇一一年閉店）。どちらも品ぞろえが素晴らしかった。何時間いても飽きることがなく、行くたびに新たな発見があった。本屋にはだいたいひとりで訪れた。誰に気を使うわけでもなく、好きなだけ本の背表紙を眺めようと思うと、ひとりのほうが、気が楽だからだ。元来、団体行動が苦手な私にとっては、心のままに思う存分、本と触れ合える大型書店は最高の場所だった。

「何だよ、売れ筋の本が全然置いてねえじゃねえか」

小上がりで仕事をしているときに土間のほうから時折、聞こえてくるこういう言葉。そのお客さんにとっての売れ筋の本が、どんな本を指すのか。質問して聞いたことがないので、答えは知りようもないのだが、売れ筋の本が何なのかを理解しているということは、本好きなのだろうか、とは思う。葉々社のお客さんにはならないだろうけど。

本の仕入れを行うとき、その本が売れているから仕入れるということはない。葉々社のような小さな本屋で、売れている本ばかりが棚に並んでいると、少なくとも偶然の出合いは演出できないからだ。仕入れた本が結果として売れていくことは喜ばしいが、すでに売れている本を積極的にお客さんにアピールすることはない。むしろ誰も知らないような本を自ら発掘して、お客さんにオススメしたい。「この本、おもしろいですよ」と。それこそが小さな本屋を運営している醍醐味のひとつだと思う。

自分自身の読書傾向を振り返ってみても、世の中で話題になっているから、売れているから、その本を選んだという経験がない。海外文学であれ、ノンフィクションであれ、読みたい本のジャンルはいつでもぼんやりと頭のなかにあり、その棚をつぶさに眺めたときに目が合った本を購入してきた。もちろん、人にオススメしてもらった本や、参考文献から次の一冊を選ぶこともある。他愛もない話や雑誌で読んだ記事、ラジオから流れてくる話題など、気になるキーワードが頭の片隅に残っていて、本屋を訪れたときにそのキーワードと読んでみたい本が必然的につながるというような出来事は、これまでいちどや二度ではない。

葉々社に来るお客さんは、本好きな人が多い。何を読めばいいかわからないという人は少ない。読みたい本やジャンルは、ある程度決まっていて、在庫がない本に関しては注文をしてくれる。これはつまり、お客さんの大半は、売れ筋の本を求めて葉々社に来ているわけではないということだ。実際のところ、「〇〇さん（有名作家）の本は置いていますか？」と聞かれたこともない。では、何を求めて葉々社に来ているのか。想像するに偶然と必然の出合いを探しに来ているのではないかと思う。棚を眺めていて偶然見つけたでもいいし、気になっていたテーマやジャンルの本と必然的に出合ったでもいいだろう。蔵書数三千冊にも満たない空間のなかで、お客さんにはリアル書店ならではのワクワクとドキドキを感じてもらいたい。

本との出合いは一期一会だ。

いまはどの出版社も初版部数が少なく、すぐに重版未定や絶版になる（それも驚くほどの速さで）。本は、欲しいと思ったときに買わないと手に入らない時代になってしまった。

偶然の出合いと必然の出合い、お客さんにとってはどちらも大切な本との出合い方である。

このふたつを提供できる本屋であり続けられるよう、私は今日も本を読む。

26　アイデアの源泉

日々、いろんな属性の人たちと会う。

こちらから会いに行くこともあるし、向こうから会いにきてくれることもある。

お客さんをはじめ、出版社で働いている人、本屋を運営している人、作家・翻訳家、ライター、デザイナー、小売り業を営んでいる人、学校の先生……。

自分が知らない世界についての話を聞き、そのたびに新鮮な気持ちになる。いつも感じることは、自分が知っていることなんてたかが知れているということだ。世界には知らないことがあふれていることを経験として理解しているからこそ、私は何かを求めて本を読む。

人と会うとき、「いつもいろんな企画をやっていてすごいですね」「いろんな企画に挑戦している姿を見て刺激をもらっています」とよく言われる。

葉々社の活動を気にしてくれていてありがたいなと思う。私の場合、社会人一年目から二社目の会社を退職するまで、ずっと雑誌や書籍の編集の仕事に携わっていたため、企画を考えること自体は、まったく苦ではない。編集の仕事をしているときは、常に企画の提出を求められていたからだ。毎週、もしくは毎月の雑誌の特集案や新規連載の企画、これらに加えて、書籍とムックの企画も必要だったので、それこそあいている時間は企画のことで頭がいっぱいだった。いまはひとりで本屋と出版社を運営しているので企画会議というようなものが存在しないし、自分のペースで物事を進めることができるため、会社員時代と比較すると、気持ち的にもずいぶん楽になった。

企画を立てるときに大切にしていることは、その企画がお客さんの誰かに楽しんでもらえるものになっているかどうかだ。自分自身が楽しいということももちろん大事な側面ではあるが、まずは特定少数のお客さんのために立案する（この段階で私の頭のなかには具体的にお客さんの顔が浮かんでいる）。葉々社は下町にある本屋で、観光客がメインの客層ではないため、お客さんの多くが常連である。何十人という常連のすべてに届ける企画は、結果として誰にも届かないということにもなりかねないので対象者を絞っている。今回の企画はＮＡさんに見てもらいたい、このトークイベントはＨＩさんに来場してもらいたい、といった具合に。

現状、葉々社では企画を実現する場所として、葉々社の店内にある小上がり、二階の分室、近所の仙六屋カフェのスペースがある。それぞれ最大収容人数に差があるため、企画の規模によって使い分けている。本をよりたくさん売るための工夫として、各企画が単体で終わるのではなく、連動、もしくは融合するようなかたちをとっている。たとえば、小上がりのスペースで柴田元幸さんのエドワード・ゴーリー展を開催する場合、その展示期間に合わせて、仙六屋カフェで柴田さんの朗読会も行う。展示に興味をもったお客さんが朗読会に参加してくれることもあるし、朗読会のあとに葉々社に立ち寄り、展示をじっくり見てくれるということもある。さらには展示のためにいつもより少し多めに仕入れた書籍にサインを入れてもらい、店頭とオンラインストアを通じて、お客さんに長い時間をかけて販売していく。

物事は点としてではなく、常に線として考えるようにしている。赤字か黒字かを点としてだけ考えていると、なかなか企画は立てにくいが、線として考えるクセを身につけると、現在は赤字でも未来は黒字になるからと自分自身を納得させることができる。

雑誌の編集者として働いていた頃は、同業他誌もよく分析・研究していた。デジタルカメラマガジン時代は、取り扱う商品がおもにカメラとレンズになるため、たとえば、新製品の記事はみな同じ号に掲載される。何ページの特集なのか、カメラの何について深堀りした記事を作ったのか。読者の興味・関心によって、その号の売れ行きにも差が出た。もともと何かをちまちま調べたり、まとめたりすることは嫌いではなかったし、自分自身が作った記事を読者目線で客観的にとらえたとき、他誌よりもおもしろい特集になっているのかどうかを判断するにはよい訓練だった。

ただし、同業他誌を見ているだけではアイデアの引き出しはあまり増えない。そこで私はカメラとはまったく関係のない雑誌をよくチェックしていた。女性誌やカー雑誌、料理雑誌など、ジャンルは何でもいいのだが、どんな切り口（季節や気温、天気、色、歴史、Q＆A、インタビュー……、それこそ膨大な切り口が考えられる）で特集を構成しているのか、また各要素をどのように誌面で展開（写真を全引きにする、イラストを使う、切り抜きを多用する、図を入れる……、こちらも数多くの見せ方がある）しているのかを勉強していた。

いい企画はまねをすればいい。

おおむね、誰かの企画は誰かのまねをしていることが多い。もしくは何かと何かを組み合わせる手法もある。なかなかよいアイデアが浮かばず、手詰まりを感じているときは、パラパラと雑誌をめくるだけでも、いいヒントが見つかるかもしれない。少なくとも私はそうやって企画を出す力を養ってきた。

最近、閉店してしまった近所の花屋とは、ハレの日にブーケと本を贈るという企画の実現に向けて相談していた。サプライズプレゼントとして利用してもらうことを想定していた企画で、Aさんから依頼を受けた葉々社と花屋が、それぞれBさんのために選書をし、ブーケを作り、AさんからBさんに宛てたメッセージカードとともに贈るというものだ。結婚式や誕生日、入学式、卒業式をはじめ、人生の節目となる大切な日に、本と花が同時に届く瞬間は送り主にとっても、受け取り主にとっても、素晴らしい時間になるだろうと感じていた。残念ながらこの企画は実現しなかった。ブーケを送る専用の段ボール箱は既製品があったのだが、その箱に本を入れるスペースがなく、新たにこの企画のために専用の段ボール箱を作る必要があった。その相談を続けていた途中で花屋が店を閉じてしまったのだ。

基本的に思いついたアイデアは、どんどん実行に移せばいいと思っている。小さく始めるぶんには仮にうまくいかなかったとしてもダメージは最小限で済む。想像していたよりも成果が得られたときは、恒例企画にしてもいいし、規模を少し拡大してもいいだろう。いずれにせよ、お客さんに楽しんでもらえる企画を最優先して売上につなげていきたい。

27

記憶と読書

本を読んでいて、共感したり、感動したり、泣きそうになったり、笑い転げたりすることはたびたびある。胸に刻んでおきたいと思える、自分にとっての大切な言葉。そういう言葉はこれまでの人生において、おおよそ本のなかに埋もれていた。

読む本を選ぶときの基準はそれほど厳格ではなく、気分で決めることも多い。仕事のために読む必要がある本は別として、知的好奇心を満たしてくれるような本や、いま、読んでおかないとダメな本、リラックスした気分で読める本などを複数冊選んで併読する。

本の内容は、当然ながら読まないとわからない。読み進めていくうちにどんどん引き込まれていくときもあるし、そうではないときもある。本の余白に文字を書き込むことはしない。付箋もあまり付けない（現在は、仕事に生かすために気になった文章のページには付箋を付けるようにしている）。

このような読み方をしていると、どのページに、心に響いた一文が掲載されていたのかを思い出すためには、自分の記憶力に頼るしかない。しかし、この記憶力が最近ますます役に立たなくなっている。

「あれっ、つい最近読んだばかりやけど、こんなに覚えてないもんか」

という状況に陥ったことは二度や三度ではない。しょっちゅうある。

もちろん、いいなと思った文章を覚えるために読書をしているわけではないので、忘れてしまった文章は、またいつか思い出すまで水の底に沈めておいてもいいのかもしれない。ただ、あまりにも覚えていないと、これも脳の老化によるものなのかと心配になる。

そんな私がことあるたびに触れる文章がいくつか存在する。何か思うところがあるとき、寝る前にそっとページをめくる本たちである。

自分の感受性くらい

ぱさぱさに乾いてゆく心を
ひとのせいにはするな
みずから水やりを怠っておいて

気難かしくなってきたのを
友人のせいにはするな
しなやかさを失ったのはどちらなのか

苛立つのを
近親のせいにはするな
なにもかも下手だったのはわたくし

初心消えかかるのを
暮しのせいにはするな

そもそもが　ひよわな志にすぎなかった

駄目なことの一切を
時代のせいにはするな
わずかに光る尊厳の放棄

自分の感受性くらい
自分で守れ
ばかものよ◆1

五十も過ぎると誰かに怒られたり、叱られたりすることがほとんどない。それがよいのか悪いのかは私にもよくわからないのだが、茨木のり子のこの詩を読むと、応援してもらっている気になる。個人事業主として商売をしていると、自分が行っていることが果たして誰かの役に立っているのかどうか不安に襲われることがある。そんなとき、この詩を再読すると、本屋の開店当時に抱いていた気持ちをあらためて思い出させてくれて、頑張る気持ちが湧いてくるのだ。進むべき道、もしくはいま進んでいる道が間違えていないことを再確認するためにいつも私のそばにいる言葉である。

わたしを束ねないで

わたしを束ねないで
あらせいとうの花のように
白い葱のように
束ねないでください　わたしは稲穂
秋　大地が胸を焦がす
見渡すかぎりの金色の稲穂

わたしを止めないで
標本箱の昆虫のように
高原からきた絵葉書のように

止めないでください　わたしは羽撃き
こやみなく空のひろさをかいさぐっている
目には見えないつばさの音

わたしを注がないで
日常性に薄められた牛乳のように
ぬるい酒のように
注がないでください　わたしは海
夜　とほうもなく満ちてくる
苦い潮　ふちのない水

わたしを名付けないで
娘という名　妻という名
重々しい母という名でしつらえた座に
坐りきりにさせないでください　わたしは風

りんごの木と
泉のありかを知っている風

わたしを区切らないで
，《コンマ》や・《ピリオド》いくつかの段落
そしておしまいに「さようなら」があったりする手紙のようには
こまめにけりをつけないでください　わたしは終りのない文章
川と同じに
はてしなく流れていく　拡がっていく　一行の詩◆2

二〇二四年八月、九十五歳でその生涯を終えた詩人・新川和江の「わたしを束ねないで」。この詩は、自由さのなかにある不自由さを感じはじめたときによく読む。出版社を辞めてからは何を行うにも基本的には自分で決められることが多くなった。そう聞くと、不自由さなんてまったくないのではないかと感じるかもしれないが、実際のところは、ある。

新川が求めた自由さは、外からの圧力に抗うものだったが、私の場合は、内からの圧力に

対して抗っている。何でもひとりで決められるということは、何でもひとりで諦められるということと同義である。「これはやっても赤字かも」とか、「手間のわりにたいしてお金が残らない」とか、挑戦する前からネガティブな気持ちに心が支配されて、新しい地平を切り開くことのワクワク感を自ら放棄してしまいがちになる。そうならないために常に心の声と対話をしなければならない。自由さと不自由さはコインの表裏の関係で、意識していないと不自由さのほうが全面にしゃしゃり出てくるのだ。

年齢を重ねていくと、経験が増えて、やる前から結果を予測してしまう。考え方も硬直し、柔軟性に欠けることもあるだろう。そういうときに私はこの詩を読む。自分で自分の役割を固定し、限界すら自分で勝手に決めつけていないかと自問するために。もっと自由に、外への広がりを求めるには何が足りないのか。考えるきっかけを与えてくれる大事な詩である。

最後にもう一冊紹介したい本がある。

詩ではなく、海外小説だ。柴田元幸さんが翻訳したポール・オースターの『ムーン・パレス』。出だしの文章で心を鷲づかみにされた。

それは人類がはじめて月を歩いた夏だった。そのころ僕はまだひどく若かったが、未来というものが自分にあるとは思えなかった。僕は危険な生き方をしてみたかった。とことん行けるところまで自分を追いつめていって、行きついた先で何が起きるか見てみたかった。結果的に、僕は破滅の一歩手前まで行った。持ち金は少しずつゼロに近づいていった。アパートも追い出され、路頭で暮らすことになった。もしキティ・ウーという名の女の子がいなかったら、たぶん僕は餓死していただろう。◆[3]

初めてこの本を手にとったのは大学生の頃だったように記憶している。タイトルに引かれてページをめくると出てきたのが前述した文章だ。どんな物語が始まるのか、すぐに興味をもった。特に最初の一文「それは人類がはじめて月を歩いた夏だった」に魅了された。こんな格好いい出だしで始まる小説にこれまで出合ったことがなかったのだ。海外小説は翻訳家との相性があり、相性がよくないとなかなか文章を前に進めることができない。そんななか、柴田さんが翻訳した文章は、訳文とは思えないほどになめらかで物語にすっと没入できた。この出合いからオースターのニューヨーク三部作『ガラスの街』『幽霊たち』『鍵のかかった部屋』のことを知り、ある時期までは新刊が出るたびに読んでいた。この頃、大切な人ができるたびに『ムーン・パレス』をプレゼントしていたことを思い出す。

記憶を司る脳の部位は、海馬である。左右に一対ずつあり、小指ほどの大きさだ。私たちが日常生活を送るうえで感じた喜怒哀楽は、まずは海馬に保存される。海馬は特に短期記憶と深く結びついており、海馬が忘れてもよいと判断した情報は、一時保管の場所から消去される。その人にとっての大切な情報が、長期記憶として大脳皮質に保存されるためには、ふだんから頻繁に使う必要がある。つまり、情報を定着させるには何度も（本を）繰り返し読むことが大切だということだ。

記憶は、将来のビジョンや計画、夢、空想にとって不可欠のものだ。広範囲だが信頼性の低い記憶に、自然がこれだけ投資しているからには、記憶を使うことは人間にとって重要なはずだ。記憶は、過去と未来が出会う接点だ。過去がなければ未来も存在しない。この二つは、人の内部にあるタイムマシンの目盛りの両端なのだ。ノブを左に回すと時間軸の後方に移動し、右に回すと時間軸の前方に移動する。◆4

過去に夢中で読んだ本の記憶があるから、私はいまも何とか生きていける。

◆1　茨木のり子『おんなのことば』童話屋、二〇二一、十二〜十四頁
◆2　新川和江『わたしを束ねないで』童話屋、二〇二四、十二〜十三頁
◆3　ポール・オースター著、柴田元幸訳『ムーン・パレス』新潮社、二〇二四、七頁
◆4　ヒルデ・オストビー&イルヴァ・オストビー著、中村冬美・羽根由訳『海馬を求めて潜水を』みすず書房、二〇二一、二五〇頁

第4章　本をともす

28 ひとり出版社の人と本

本を購入するときの基準は、人それぞれだ。好きな作家、好きな翻訳家、よく読むジャンル、ジャケ買いなどに加えて、好きな出版社だから買う、という人もいるだろう。全国には約三千社もの出版社があると言われているが、その大部分がひとり出版社を含む、中小の零細企業だ。

新刊・既刊を問わず、日々、本を仕入れるときに、どの出版社から発行されているのかは必ずチェックする。信頼している出版社なら安心して仕入れられるが、信頼していない出版社の場合はそのとおりではない。ヘイトや差別を助長するような本を発行している出版社は言うまでもなく、二〇二二年四月の開店以来、いちども仕入れたことのない出版社もたくさん存在する。選書をしているときに「あっ、この本ええな」と思って、出版社を調べてみると、そこからは本を仕入れないことに決めている出版社だったということが何度もある。会社の規模が大きくなればなるほど、個人の仕事は細分化されて、組織は硬直化し、隣の部署の人間がどんなことをしているのか、まったく知らないという事態に陥りがちだが、それらの理由を加味しても、やはりヘイトや差別にかかわる本を発行している出版社の応援はできない。

大手出版社から発行される本はよい本で、中・小規模の出版社から発行される本は悪い本、ということも当然ながらない。大手出版社の場合、抱えている社員の数が多く給料も高いため、出版するかどうかの決め手は、その本が「売れる」か「売れない」かになる。いわゆるマーケットインの考え方であり、ポイントはその市場にお客さんがすでに存在していることが前提条件になる。そのため、新たな市場が発掘されれば、二匹目、三匹目のドジョウを狙って、類書が次々と出て、本屋の売り場には関連本だけで数十冊も並ぶ。見た目が同じような本があれだけたくさん本屋の店頭を埋め尽くすなか、お客さんは自分に合った一冊を選べるのだろうか。いつも疑問に思う。

一方、中・小規模の出版社が発行する本には個性がある。もちろん大手のような総合出版社ではないので、得意なジャンルが決まっているという理由もあるだろう。人文なら人文、社会科学なら社会科学と、その道を極めたものにしか見えない世界を、読者に見せてくれている気がする。そこには「売れる」「売れない」よりも出版人としての気概や信念、これからの社会をどうしていきたいのか、その目標や夢のようなものが一冊一冊の本に隠れている気がしてならないのだ。商品開発としてはプロダクトアウトの考え方で、本屋としては応援のしがいがある。編集者が作るべきだと思ったから編集した本は、類書が少なく、個性が際立ち、装丁が美しいものが多い。編集者の狙いや意図が明確なため、本屋のお客さんにも本の説明がしやすい。決して万人向けの本ではないとしても、届くべき人には必ず届く。

中小のなかでも特に、ひとり出版社の本は、意識して選書を行っている。彼ら・彼女らが編集している本は、初版部数がおよそ二千〜三千冊程度のため、仕入れたい本があるときは、早めに動きださないと間に合わず、版元・品切れという状況になりかねない。全国各地で次々と本屋が閉店しているとはいえ、まだ一万軒ほどの本屋が存在しているため、人気のある出版社や作家、翻訳家の本はある意味で取り合いになる。本の内容はそのつど精査をして、実際に仕入れるかどうかを決めるわけだが、ひとり出版社にはビジネスパートナーとして大切な信頼と安心が根底に流れているので商売はしやすい。

葉々社のような小さな商いにとって、本を作っている人たちの顔が見えていることも大事な要素のひとつである。作り手の顔が見えない本よりも見えている本のほうがより感情移入しやすいのは、まあ当たり前だ。しっかりとお客さんにアピールをして、一冊でも多く売るぞ、という気持ちになる。

島田潤一郎さんが代表を務める夏葉社の本は、ため息が出るほど装丁が美しい。全国各地にファンが存在する。彼が編集する本からは、本が紙であることの素晴らしさが伝わってくる。ホームページに「何度も、読み返される本を。」と書いてあるように、流行を追いかけず、彼が出版すべきと感じた本を静かに作っている。「おそくて、よい本」を掲げている三輪舎もまたきれいな本が多い。代表の中岡祐介さんは、時間をかけて一冊の本を作ることを大切にしており、完成した本を手にとると、ほっと一息つくことができる。

ふたりがホームページに掲載している言葉は以下のとおりだ。引用してみよう。

良い本ってなんだろう。

夏葉社は1万人、10万人の読者のためにではなく、具体的なひとりの読者のために、本を作っていきたいと考えています。

マーケティングとかではなく。
まだ見ぬ読者とかでもなく。
いま生活をしている、都市の、海辺の、山間の、
ひとりの読者が何度も読み返してくれるような本を
作り続けていくことが、小社の目的です。
どうぞ、末永いおつきあいのほど、よろしくお願いいたします。

夏葉社代表　島田潤一郎

いま、あらゆるものには速度が求められています。

仕事はできるだけ短期間で結果を出さないといけません。街を歩いていると、出勤へと急ぐ会社員にどんどん抜かされます。各駅停車は余裕がありますが、急行列車は文字通りすし詰め状態です。残念なことに、夜行列車はほとんど廃止に

なって、新幹線に取って代わられました。ファーストフードはともかく、サプリメントによる栄養摂取は人間の業なのでしょうか。スローライフ、スローフードは一時の流行だったのか、あまり聞かれなくなりました。「短時間ですっきり快眠」といった書籍をよく見かけますが、長時間労働も「すっきり」こなせるのでしょうか。いろんな質問が「はい」「いいえ」に、二者択一で答えればよくなりました。

自転車やバイクは、一定の速度が出ていないと、バランスを崩して転倒してしまう。それと同じように、いまの暮らしもまた、速度を緩めた途端、成り立たなくなる「自転車操業」です。

この数年で、こうした社会のあり方に対して疑問をもった人たちが、面白いことをし始めてきています。大都会から、あえて田舎に生活拠点を移し、芸術を通じて地域のコミュニティを活性化する活動をしはじめたひと。高収入のサラリーマンをやめて、本当に豊かな暮らしを提案する仕事をはじめたひと。核家族の限界を感じて、家族の新しいカタチを模索し始めたひと。

速さを求められる自転車操業の世の中に対する、オルタナティブの活動を「三輪的」と勝手に形容したいと思います。

三輪舎は、三輪的な活動を応援して、「オルタナティブ」から「メジャー」へ少しでも近づけます。

2014.1.12　中岡 祐介

これらの言葉からあなたは何を感じるだろうか。人としての私は彼らの考え方に共感を覚えるし、尊敬もしている。そして、本屋としての私は、彼らがどんな本を作るのかに興味をもつし、実際に仕入れて販売してみたいという気持ちになる。

ひとり出版社はフットワークが軽く、柔軟性に富み、オリジナリティにあふれている。

百万年書房の北尾修一さんは、本を通じて、〃いま〃を切り取る力がすごいと感じるし、ナナロク社の村井光男さんは一切ぶれることなく、詩と短歌の世界を広げてくれている。点滅社や素粒社、エトセトラブックスや里山社、palmbooksをはじめ、信頼している小さな出版社はほかにもたくさんある。

今度本屋を訪れた際には、ぜひ、出版社に注目して棚を眺めてみてはいかがだろうか。

29　街に本屋があることで

街に本屋は必要か？　という問いを最近よく目にする。新聞記事やインターネット上の記事で。答えはどうだろうか。本を読む人は「必要」と答えるだろうし、本を読まない人は「不必要」と回答するだろう。必要なのに本屋がどんどんつぶれているのは、当然ながら必要と思っている人たちよりも不必要な人たちの割合が多いからだ。私の肌感覚だと葉々社の近所で暮らしている人たちのなかで、日常的に本を読む習慣のある人は百人中、二、三人ではないかと思う。つまり、世の中を生きる人たちの大部分は本を必要としていない。これは言い換えると本がなくても生きていけるということだ。その一方で、本がなければ生きていけないという人たちもいる。葉々社を含めて、全国各地に点在する本屋の多くは、そういう人たちによって支えられている。

毎日本屋がつぶれていく現状に対しては、実際に本屋を運営していて思うが、「この粗利やとそらつぶれるわな」と感じている。とにかく店にお金が残らない。もちろん、数を売れば、手元に残るお金も相対的に増えるが、数がそれほど売れないなか、従来の街の本屋がつぶれていくのはある意味で当たり前の話だ。薄利多売方式のビジネスモデルが崩壊している現在、何も手を打たなければ、これからも本屋はつぶれていく。特に駅前や商業ビルなど、立地条件のよい店になればなるほど賃料が高くなり、毎月のランニングコストを支払うだけで精いっぱいという状況に陥りかねない。私の想像だとこれから十年くらいのあいだにこのような好立地に存在する大型・中型書店は、ますます閉店を余儀なくされるだろうと考えている。

インターネットの普及とともに始まった雑誌の売上減少。雑誌は週刊誌をはじめ、商品サイクルが短いため、毎週確実に売れていく数字が読めて、安定した収益につながっていたわけだが、現在はそうではない。書籍の売上減少とは比較にならないぐらい、右肩が下がり続けている。当然、本屋としての売上も下がる。売上の柱が雑誌中心だったこれまでの街の本屋は、今後も厳しい闘いが続くと推測する。とにかく粗利が低すぎるのだ。いつ売れるのかがわからない書籍だけを販売していたのでは、店を維持していくためのランニングコストすら稼げない。

本屋閉店のお知らせをＳＮＳで見かけるたびに思う。「また、つぶれたか」と。その記事に対して、大手版元の公式アカウントなんかが「これまでたいへんお世話になりました。いままでたくさん本を売っていただきました」などのコメントをしていると、「相変わらず、呑気なこと言うてはるわ」と怒りが湧く。このなかの人は、なぜ、その本屋がつぶれたのか、大手版元として何かできることはなかったのか、そういう思いを馳せることはないのだろうか。端的に言えば、川上に位置する大手版元が決めた掛け率の悪さが、ボディブローのようにじわじわと、その本屋の経営を圧迫していったのではないかと、私は思う。昔のように数が売れないのだから、掛け率を改善しないと持続的な運営が難儀であることは誰の目にも明らかだ。そして、私はこうも思う。大手版元も本屋を作り、自社の社員をそこで働かせて、悪い掛け率で商売をした場合、どの程度の給料を社員に支払うことができるのか、いちど実験してみたらいいと。おそらく、現在、支払っているような給料は用意できないはずだ。読者にもっとも近い位置にいる本屋の店員がなぜ、薄給なのか。悪い掛け率はなぜ、改善されないのか。本屋がなくなればなくなるほど、本を売る場所が減り、読者との出合いの場も消滅する。本屋の減少が最終的には大手版元にもブーメランのように不利益となって戻ってくると思うのだが、なかで働いている人たちは、そう考えていないのだろうか。本屋閉店が他人事であるかぎり、状況はよくならない。

私は当然、街に本屋は必要だと思っている。知的好奇心をこれほどまでに満たしてくれる場所はほかにはない。東京駅の近くにある丸善 丸の内本店や神保町の東京堂書店なんかは最高に楽しい。一日いても飽きない。飽きさせてくれない。あっちもこっちも読みたい本が次々に見つかり困る。自宅の近所に本屋があるのとないのとでは何が変わるか。本屋は本を売る場所だが、それだけではない。私が小・中・高校生の頃に通ったような街の小さな本屋は、本を売ることだけを商売にしていたと思うが、いま、全国各地で多発的に増え続けている、独立系書店の多くは、本と人を結び、人と人をつなげる場所になっている。地域のコミュニケーションを担う中継基地のような役割も果たしている。

葉々社にも毎日さまざまな属性のお客さんが来店する。職業も年齢も好みの本もみんなバラバラ。共通しているのは本が好きということ。でも、それがいい。派手な原色だけではなく、淡い色や薄い色を含めて、いろいろな特徴をもつお客さんが出たり入ったりするところが本屋の魅力だと感じている。年配のお客さんだとアマゾンを知らない人もいる。クレジットカードを持っていない人は、ネットショッピングもできない。隣駅の蒲田まで行けば、くまざわ書店と有隣堂があるけれど、たった一駅を移動するのが年配の人たちにとってはハードルが高い。年歳を重ねても読書欲が旺盛で、新聞の切り抜きや書名を記したメモを手に来店されるお客さんには頭が下がる。

現在、葉々社に通ってくれているお客さんのなかで、最高齢は八十八歳のおばあさんだ。インターネットは利用していないので、欲しい本があるときは、私の携帯が鳴る。

「あー、本屋さん」
「はい、葉々社の小谷です」
「あー、ちょっとね、あの、いま、カロリーと糖尿病の本を探してるの」
「わかりました。今度店に来てもらったときに何冊か候補を提案できるように準備しておきます」

おばあさんは知的好奇心に満ちあふれている。これまで羽生結弦の写真集、大谷翔平のマンダラチャートの本を購入してくれた。何かを知りたい、勉強したいという気持ちはどこから湧いてくるのか、以前質問してみたことがある。すると、若い頃に声楽を勉強するため、イタリアへ留学したことがあるとのことで、昔から外へ外へと目が向いていた人なんだと納得した。どの本がベストなのかは、おばあさんの話を聞きながら、的を狭めていく。写真が掲載されているものがいいのか、実用書がいいのか、判型は、カラーかモノクロか、ページ数は、文字の大きさは……、いくつかこちらから質問をしつつ、おばあさんが求めているものを探す。時には目的地に到達するのに時間がかかることもあるけれど、それが楽しい。「小売って、本来、こういう商売やな」と思う。商品の説明をして買ってもらう。アマゾンでもなく、無人本屋でもなく、街の本屋ができること。自分の両親の年齢をはるかに超えたお客さんとの日々のやりとりは、地域で生きる人たちのために商売していることを実感できる大切な時間だ。

社会に出ると、仕事を通じて、人と出会うことがほとんどだが、本屋の場合は本を通じて、人と人とが出会う。たとえば、読書会。葉々社では、ふたりの常連が立ち上げてくれた「葉々社ブッククラブ」がある。運営は常連に任せているため、私が何かを積極的に動かすことはない。幅広い年代の人たちが参加していて、オフラインだけではなく、オンライン参加も少ないながらある。仕事から離れた場所で本の話をするのは簡単なようでなかなか機会がない。私も会社員時代は、家か職場か本屋かといった生活を続けていたが、本の話を気軽にできる場を見つけられずにいた。そういう意味においても街の本屋がそこに存在する意義はあるだろう。

街の本屋は、従来とは異なる方法で運営する必要がある。本以外の商品（できれば粗利のいいものを探したい）を販売してもいい。お客さんが求めるなら野菜でも果物でもベーグルでもドーナツでも何だって売れればいいと思う。大切なことは地域で生きる本好きの人たちのために、できるだけ長く本屋を続けることであり、そのためには知恵を出し続けることが重要になる。街に根付くということは、その店が店主だけのものではなく、街を生きる人たちのために存在するということと同義だろう。ただ、ひとりでできることには限界があるので、葉々社にかかわってくれるお客さんの力を大いに頼りにしながら、街の本屋としての役割を果たしていきたい。

30　持続可能な本屋のかたち

店を開けていると、時々、本屋を作りたいというお客さんがやって来る。二十代と思しき若者から早期退職を考えているような六十代の先輩方まで、世代を問わずにやって来る。本屋の開業を目指している人たちは、みな楽しそうに見える。実家が葉々社の近所にあり、石川県金沢市で暮らしている女性は、いつも目を輝かせながら本屋の話をする。現在は金沢にある本屋で修業中の身で、たまに東京に戻ってきたときには必ず葉々社にも寄ってくれる。「今回も本を買いすぎました」と笑う彼女の目は、いつもキラキラと輝いている。

仕入れやレジ周辺の仕組み、オンラインストアの構築、電子決済のほか、小売のためのさまざまなインフラが整っているいま、本屋を開業すること自体はそれほど難しくない。物件を契約して、本棚を設置すれば、本屋としてのかたちはそれなりに整う。ただ、作るのは簡単だが、長く続けていくことはきわめてたいへんだ。私自身、毎日痛感している。本という「モノ」を売っている以上、天気の影響をもろに受けるし、給料日前の営業日も成績は振るわない。ひとりで運営していると、病気もできないし、万全な体調（心を含めて）を維持していくことにも気を使う必要がある。

持続可能な本屋のかたちを考えたとき、私がお客さんに伝えているのは、複数人で本屋を運営することである。ひとりではなく複数。ふたりでも三人でも四人でもかまわない。複数人で店を運営することで、コストとリスクをヘッジするわけだ。葉々社を開業するときは初期費用として八百万円かかっているが、仮に四人で運営する場合、ひとりあたりの負担金は二百万円で済む。四人で運営するので定休日は設けず、年中無休にすることもできる。店番もひとりあたり週に二日程度でよいため、ほかの日は別の仕事をしてもいい。体調不良の日は店番を仲間に代わってもらえる。店内に大きなディスプレイを導入して、Ｗｉ-Ｆｉを設定しておけば、店で仕事を進めることも可能だろう。

大事なポイントは、本屋を始める前に就いていた仕事を（できれば）辞めないこと。業務委託のかたちでもいいので、退職後もその仕事を継続できるように根回ししておいたほうがいい。つまり日々の生活費を本屋の売上だけで賄おうとしないということだ。そのくらい本屋にはお金が残らない。本が売れても売れなくても、毎月のランニングコストは必ず必要で、物価高にも光熱費の高騰にも、その負担増を何かの価格に反映させることもできない。本屋は出版社が決めた定価の本を、出版社と取次が決めた掛け率のもと仕入れることしかできない。現状、価格面で本屋は何も工夫することができないのだ。よって手元に残るお金を増やそうと思えば、本をたくさん売るしかない（もしくはイベント運営に力を注ぐ）。このような状況下において、本屋を長く続けていくには、あくまで本屋の運営は趣味の延長線上にあるくらいのイメージのほうがプレッシャーを感じずに楽しく店をやりくりできるのではないかと思う。

この建て付けがうまくいくなら、都会に一店、地方に一店など、二拠点で本屋を回すことも可能になるかもしれない。需要と供給のバランスが著しく崩れているこの業界において、店頭在庫のコントロールは切っても切り離せない問題になる。売れない本をどうするのか。再販売価格維持制度があるかぎり、店頭では値引きが行えない。しかも葉々社のような小さな本屋は、返品が可能な委託ではなく、買切で本を仕入れていることが多いため、店頭在庫をどの程度持つのかは常に悩みの種になる。ただ、仮に二拠点で店を開くことになれば、店頭在庫は二拠点でコントロールすればよいことになり、ずいぶん余裕が生まれるのではないか。先ほど、売れない本をどうするのかと書いたが、売れないのは偶然、その店で売れなかっただけであって、別の場所に並べれば、お客さんは手にとってくれるかもしれない。本ってそういうものだと思う。中身が悪いわけではなく、置く場所が悪かっただけ。どこかに確実に存在するお客さんに、どのような方法で本を届けるのか、模索は続く。

実際、葉々社ではあまり売れなかった本を、友人の本屋に引き取ってもらったこともある。聞けば、彼女の店では定期的に売れるということだった。

「これまでそんなに本を読んでこなかったんですけど、本屋はできますか？」

こんな質問を受けることもある。

私は「はい」と答える。

読書量と本屋の運営はまったく別物だと考えているからだ。量は必要ないけれど、本は好きなほうがいいと思う。店主が好きな本を並べることで、その本屋の個性が際立つし、お客さんはその個性に触れるために、わざわざ店に来てくれるからだ。「独立系書店っていっても、同じような本が並んでいる、金太郎飴のような感じでしょ」というような記事をたまにネット上で見かけることがあるが、それのどこがダメなのだろうか。それらの本屋が横並びで店を開けているなら多少の問題が発生するかもしれないが、葉々社のような小さな本屋の場合、商圏は周囲三キロほどだろうか。川崎方面や羽田空港方面から自転車で訪れるお客さんもいるが、それでもせいぜい十キロ程度だと思う。そんなに本を読んでいなくても、店主が好きな本が並んでいる本屋が、それぞれの地域に小さな明かりをともせば、その明かりを求めて、本好きのお客さんが集まってくる店に必ず成長する。

本が好きな人は、みな商売が上手なわけではなく、本が好きではない人が、みな商売が下手なわけでもない。理想は、本好き＝商売上手だが、なかなかそううまくはいかない。本を定期的に読む人たちの絶対数が増えていないなか、本を定期的に読者の手元に届けるにはアイデアがいる。本屋を長く続けていくためには必須のスキルではないかと思う。お客さんの心をあおり立てず、お客さん自らが「あっ、いいな」と感じたときに、オンラインストアでも店頭でも静かに本が売れていく。そんなアイデアが必要だ。私自身、「これだ！」というアイデアは思いついていない。来店回数や利用頻度が増すたびに深まる店とお客さんとの信頼関係。その信頼関係をベースにしたうえで、本を売っていきたい。当然、時間はかかる。時間はかかるが、いちど築き上げた信頼関係は、強風にも豪雨にも耐えうる強固な壁にならないだろうか。本がコピー商品である以上、お客さんがなぜ、葉々社で購入してくれるのか、その理由を考え続けることが、持続可能な店作りへとつながる道のように感じている。

最後に、私が尊敬している本屋の店主である鈴木雅代さんの言葉を紹介したい。彼女は書店員として十五年以上のキャリアをもち、現在は、神奈川県横浜市、妙蓮寺にある石堂書店と本屋・生活綴方の店長を兼務している。私は仕事に疲れてきたとき、彼女に会いに行くのだが、そのとき「目の前のお客さんを見る」「店は自分が楽しく開けなければいけない」というような言葉をもらった。私は開店以来、ずっと、この言葉を胸に刻んで商売をしている。効果的な突破口を探しはじめると、企画は大味になり、主語も大きくなりがちだが、そんなときにはこの言葉を復唱する。目の前にいるお客さんに喜んでもらえる企画なのかどうか、そして、その企画は自分自身が楽しめるものなのかどうか。読者のみなさんもぜひ、妙蓮寺へ。石堂書店も本屋・生活綴方も最高の本屋なので。

31 私の好きな本屋

大学卒業後、就職のために東京に出てきた私が暮らした街は、練馬区の南大泉だった。初めてのひとり暮らしにあたり、助言を求めた大学時代の先輩がこのあたりで暮らしていたため、たまたまこの地域を選んだだけだ。土地勘もなく、鉄道の路線図が頭に入っていない状況で居住地を探しはじめたので、どこで暮らしてみたいとか、そういう希望はまったくなかった。

いや、あったか？

一社目となる東京ニュース通信社の総務部の担当から「どのあたりに住むのか決まりましたか？」と入社前の研修で聞かれたとき、私は「江ノ島電鉄」の近くで家を探そうと思っていると答えた。ＴＢＳ系列の東芝日曜劇場で放送されていた「お兄ちゃんの選択」（一九九四年、主題歌「君の声が聞きたい」城之内ミサ）というテレビドラマが好きで、そのドラマのタイトルバックに流れる映像に江ノ電が映っていた。陣内孝則が演じる主人公の父親役が小林桂樹で、彼の住まいが江ノ電の極楽寺駅の近所にあるという設定だった。海が近くにあり、のどかな雰囲気に魅了されたのだ。大阪の実家でドラマを見ていたときは、まだ東京で働くことが決まっていなかったのだが、もし、東京で就職したならば、江ノ電の近くで暮らしてみたいと、ぼんやりと考えていたことを思い出したのだ。しかし、総務部の担当からは「遠いよ。あそこは住むところではなくて、観光で行くところだよ」と言われてしまった。それで、いちどは江ノ電の近くで住むという夢を封印することになった。

南大泉は想像していたよりも田舎だった。アパートの周囲には畑がたくさんあり、野菜の無人直売所があちらこちらに存在した。最寄り駅は西武新宿線の武蔵関。駅から徒歩十五分ほどの場所に私が暮らすアパートがあった。パッと見、なんの特徴も変哲もない二階建てのアパートで、たしか広さは八畳ぐらいだったと思う。小さなキッチンとユニットバスが付いていた。

東京ニュース通信社の同期は十一人。男性が六人、女性が五人。全員編集職を希望していたが、編集関連の職場に配属されたのは四人だけで、私はたまたまその四人のうちのひとりに選ばれた。大学時代を京都で過ごしていたため、東京の知り合いと言えば、会社の人間だけだった。入社当初は仕事を覚えることに必死で、孤独やさみしさを感じる暇もなかった。週末は体力を回復させるために寝て過ごしていた。そういう日々が数カ月続き、ある程度の生活基盤が整ってきた頃、ようやく本屋に足を運ぶ余裕が生まれた。この頃、頼りにしていた本屋は、紀伊國屋書店の新宿本店だ。大阪にいた頃もよく通っていた本屋なので馴染みが深い。圧倒的な蔵書量を誇り、欲しい本はだいたいここで手に入れていた。自宅までの乗り換え駅でもあったので、隙間時間を見つけては足繁く通うことになる。

いまも昔も変わらないが、基本的に本屋以外で行きたいところがあまりない。旅は好きなので旅先として訪問してみたい土地は、ストックがたくさんあるけれど、その土地とて「行きたい」の理由のひとつとして、「そこに本屋があるから」ということが挙げられる。いまも行きたい本屋は、全国各地に数多くある。たとえば、『すこし広くなった』（ボーダーインク）の著者・宇田智子さんが運営している「市場の古本屋ウララ」（沖縄県那覇市）や、くどうれいんさんの『わたしを空腹にしないほうがいい』を出版した早坂大輔さんが経営する「BOOKNERD」（岩手県盛岡市）、泊まれる本屋「まるとしかく」（徳島県美馬市）、夏葉社の島田潤一郎さんにオススメされた「紙片」（広島県尾道市）など。これから先、小さな本屋はもっと増えると思っているので、本屋巡りを軸にした旅もよい。

二〇二四年の夏は、広島を訪問し、独立系書店を巡った。広島市安佐南区にある「Lounge B books」は談話室をコンセプトにした小さな本屋。店の奥にテーブルとイスが用意されていて、ゆっくりとくつろげる。広島市中区にある「READAN DEAT」は小さなギャラリーを併設している本屋だ。大きな窓の向こう側には路面電車が走っているのが見える。ともに店主の個性が垣間見られる品ぞろえで、見たことのない本を発見する喜びに満ちあふれていた。

音楽も映画も嫌いではないし、適度にはたしなむが、余暇を使って積極的に訪れる場所ではない。しかし、本屋はちがう。自分が暮らす街、もしくは会社までの導線のなかに本屋がないと困る。心の安定を保てなくなるからだ。

結局、南大泉には二年間しか暮らさなかった。

日々、積み上がる本の量が小さな部屋のスペースを圧迫していくなか、江ノ島電鉄の近くで暮らすという、大学時代に描いた夢を叶えることにしたのだ。最初の契約を更新することなく、私は神奈川県藤沢市への引っ越しを決める。今度の家は広かった。十畳のリビングがひと部屋と六畳の部屋がふた部屋あった。風呂とトイレは別。近所の住人はみな家族で暮らしていた。本は部屋のそこら中に置きたい放題だった。すぐ近くには引地川が流れ、川沿いの道には桜並木があった。最寄り駅は小田急江ノ島線藤沢本町駅。江ノ島電鉄の極楽寺駅周辺でも物件を探したのだが、予算が合わなかった。

新しい家の生活環境は申し分なかった。

当時はＪＲ新橋駅まで通勤していたのだが、自宅から会社までは八十分ぐらいかかっていた。しかし、その通勤時間自体はそれほど苦痛ではなかった。編集の仕事は企画案やタイトル、構成のほか考えることが多く、会社のデスクの前に座り、うんうんと唸ったところで、突然何かいいアイデアが思い浮かぶことは少なく、それらを考えるための時間を通勤時間に充当していた。もちろん、本を読むこともできるので、長い通勤時間はむしろプラスに働いていたように思う。私は子どもの頃からカメラで写真を撮影することが好きで、藤沢で暮らしているときは、秋から冬にかけて鵠沼海岸をよく散歩した。冬場は空気が澄み、相模湾の向こう側、朱色に染まる富士山を、階段に腰かけながら静かにシャッターを切ったものだ。

藤沢で暮らしていたときは、JR藤沢駅周辺でだいたいの用事が終わった。おいしいイタリアンの店や品ぞろえのよい古本屋があったし、ビンの器に入ったモロゾフのプリンを買うこともできた。そして、駅前のビックカメラ藤沢店のなかにはジュンク堂書店藤沢店が入っていた。駅周辺まで出かけたときには必ず立ち寄り、「今日は人文書のコーナー」「今回は社会科学のコーナー」など、訪問するたびに確認する棚を変えるのが楽しかった。いつ訪れても新しい本が並び、知らない世界へと続く扉が、各フロアの棚のそこかしこに存在した。欲しい本がなくても、読みたい本は必ず見つかる、藤沢時代の私にとって大切な本屋だった。

私が子どもの頃は、本屋と言えば街の小さな本屋か、主要ターミナル駅付近の大型書店しか選択肢がなかった。しかし、現在は独立系書店をはじめ、カフェやパン屋、ホテルなど、本を並べて販売する場所が増えている。これはつまり本を購入することができる場所の選択肢が増えているということだ。

読者のみなさんが暮らす街には好きな本屋があるだろうか。あるといいなと思う。先日、葉々社に来た女性のお客さんは、「葉々社があるから梅屋敷に引っ越してきました」と言った。突然の告白に一瞬、どう返答すればいいのか戸惑ったが、素直に「ありがとうございます」でいいのだろう。

好きな本屋がある街に引っ越すのもいいかもしれない。

かつての私が江ノ電の近くで暮らしてみたいと感じたように、本屋 Titleがある荻窪へ、TOUTEN BOOKSTOREがある沢上へ、ひばりブックスがある鷹匠へ、本屋 ルヌガンガがある亀井町へ。

あなたの好きな本屋は、どの街にありますか？

32 大型書店の経営層のみなさまへ

ずっとこういう方法なら街に本屋が増えるのではないかと考えていることがある。

本屋のコンビニ化である。

字面だけを見ると、ずいぶん薄っぺらい企画のように感じるかもしれないが、フランチャイズの仕組みを小さな本屋に導入するということだ。

以下、構想を記す。

金銭面をどう解決するのかにまでは考えが至っていないことをはじめに白状しておく。

駅近の好立地の物件は、当然ながら賃料が高く、自社ビルでもないかぎり、ランニングコストを本の売上だけで稼ぎ続けるのは至難の業だ。住民の数が少ない地方の本屋だけではなく、大都市圏の大型書店も苦境を迎える時期が必ずやってくるだろう。そこで提案したいのが本屋のコンビニ化である。

描いている絵は、コンビニの運営方法と同じ。本部の下に小さな本屋がたくさんつながっているイメージで、それぞれの本屋の店長は、基本的には大型書店に所属している社員が務める。

本部はまず、店舗にふさわしい物件をリサーチして候補を絞る。できれば行政と手を組み、あき家を活用する。行政は物件のオーナーと相談することで、低家賃で本部に貸し出せるようにする。新たな本屋の店長は、社内で公募してもいいし、外部から募集してもいい。店に並べる本の調達は、基本的に本部を通じて行い、状況によっては各出版社との直取引を利用する。開店に必要な初期投資は、原則、本部が行い、開店後の店の運営はすべて店長が責任をもって行う。収入と支出など、毎月の売上管理も店長が担当する。店側が本部に収めるロイヤルティは、売上に応じて変化するように設定し、開店から数年間は低くなるようにする。

全国各地で増え続けるあき家を活用することで、本屋は増やしていける。大型書店がこれまでに培ってきた膨大なノウハウと人的リソースを生かして、小さな本屋を、本屋のない街に作ればいい。自分たちが抱えている優秀な書店員の人たちに、小さな本屋の店長になってもらうわけだ。それぞれの店長たちは自分の思うように本を仕入れて、店を切り盛りしていく。経営面は完全な独立採算制とし、給料をいくらに設定するかも自分で決める。

店を持続可能にするためには家賃を低く抑えることが最大のポイントになるが、そこは行政に頑張ってもらう。あき家物件のオーナー次第といった部分もあるが、自分たちが暮らす街を、よりよくしていきたくないというような考え方のオーナーは少ないのではないか。金儲けを優先事項に据えるのではなく、街の永続的な発展を望むオーナーと手を組むことができれば、低家賃の実現は夢物語ではないと思う。

実体験として、葉々社が入居している木造家屋のオーナーは、常に街の行く末を考えている。彼は別の物件の入居者を募集する際、その物件の近所で暮らす人たちからどんな業態の人が入居するとうれしいか意見を聞き、パン屋限定で募集を開始したという事例があった（二〇二四年十二月現在、その場所には、人気のパン屋、ソングバードベーカリーが入居している）。オーナーからすれば、定期的な家賃収入は必須でありながらも、その街で暮らす人たちの満足度を上げることにも日々、力を注いでいるということだ。

このような考え方のオーナーは、探せば見つかるのではないだろうか。コロナ禍を経て、小売り業は風吹けば簡単に飛んでいってしまうことを、街で暮らす人たち全員が理解したことであろう。気づけば、右も左もナショナルチェーンの店ばかりという事態に陥る前に、街の本屋を増やしていきたい。個性的な個人経営の店が増えることが、最終的にはその街の魅力拡大へとつながり、外からの転入を見込める状態になると考えている。

本屋の経営はこれからの時代、規模は追えない。どれだけ小さくできるかが勝負の分かれ目のような気がしている。葉々社の売場面積はほんの十坪だが、オンラインストアを上手に併用すれば、このくらいの面積でも十分に商売は可能だ。小さく始めることができるなら、仮に商売がうまくいかなかった場合も撤退は容易である。大型書店に勤めている書店員の数がどの程度なのか正確には把握していないけれど、将来は店長に挑戦してみたいと考えている人もいるのではないか。大型書店の店長ともなると、そのプレッシャーは想像を絶するものがあるが、小型書店なら思い切ったチャレンジが可能になる。冒険心が旺盛なスタッフの受け皿となるような仕事の選択肢は多いほうがよい。

大型書店で学んだ長年の経験を街の本屋に還元するにはよい方法だと思っている。何から何までいきなりひとりで始めるのではなく、まずは母体となる本部の助けを借りながら、小さな商いを始めてみる。店長には最大の裁量権を与えて、独自性や個性を打ち出しながら少しずつ地域に馴染んでいけばよい。ライフステージの変化によって、一時的に本屋の仕事から離れてしまった人たちの新たな職場としても機能するかもしれない。

私がこの案でもっとも強くアピールしたい点は、書店員の才能を広く活用するべきであるということだ。

毎日、膨大な数の本に触れて、さまざまなお客さんの対応をしている現場の書店員たちに夢や希望を与えられる、または将来の目標となるような仕事を用意してもいいのではないか。特に貯金が少ない若い世代の書店員の人たちのために。若者が街の本屋の店長として活躍できる場を、ぜひ、大型書店の経営層のみなさまにつくってもらいたい。

33　三年目の振り返り

三年目となる二〇二四年も基本的な営業方針は、一年目、二年目と変わらない。全国各地に存在する本好きのお客さんのために、本屋として何ができるのかを考え続けること、目の前にいるお客さんにしっかりと向き合うこと、このふたつを忘れないように肝に銘じていた。

新しい試みとしては、葉々社独自の選書サービスを開始した。お客さんから見れば定期購読のようなかたちをとり、年間プラン（毎月一冊、毎月二冊、毎月三冊）を三案、お試しプランとして六カ月（毎月一冊）、三カ月（毎月一冊）の二案を用意した。結果、六人のお客さんから申し込みがあった。このサービスは副店主である私の妻に担当してもらっており、私はサポート役に回っているのだが、手元に届いた本について、お客さんが読後の感想を伝えてくれたり、次にどんな本を読んでみたいのかリクエストが入ったりと、メールを通じて活発なコミュニケーションが行われていて、本はやはりいいものだなと感じている。ライフステージによっては本屋に通う時間を確保できない人や、ふだんは読まないジャンルの本に挑戦してみたいけれど、なかなかその機会に恵まれないという人もいるだろう。そういう人たちの読書環境を整えるために、本屋がもつ、本を選ぶという力を生かしていきたい。おかげさまで二〇二五年もサービスを引き続き、利用してくれるお客さんがいたり、さらには新規のお客さんからの申し込みもあったりと、独自の仕事として定着する兆しが見えてきた。

企画やイベントを実施する際には場所が必要になるわけだが、二〇二四年は葉々社の二階にある分室の活用を本格的にスタートさせた。私が主体的に話をする「本屋と相談」や、お客さんとゆるやかに本の話を楽しむ「本とおやつ」のほか、小規模出版社の代表とその出版社から本を出している作家らを招く「〇〇の日」などをほぼ毎月開催した。これらの企画もすべてお客さんに楽しんでもらうことが大切で、売上はそのあとについてくると考えているが、葉々社とお客さんだけではなく、お客さんとお客さんがつながっていくようすも垣間見られて、本を媒介として小さなコミュニティのようなものが形成されつつあることを実感した。「本屋と相談」に参加してくれたお客さんのなかには、実際に本屋を開業した人や日記を本にまとめた人もいて、みなそれぞれに自分たちのやりたいことに向かって前進している姿を見ると、微笑ましくて応援したくなる。

三年目は本屋業務以外に出版業にも力を注いだ。六月には『日常の言葉たち』、十一月には『私的な書店―たったひとりのための本屋―』を葉々社から出版。いずれも韓国の出版社から発売されている本で、出版社のクオンを通じて版権を取得したのち、『日常の言葉たち』は翻訳家の牧野美加さんに、『私的な書店―たったひとりのための本屋―』は翻訳家の原田里美さんに翻訳を依頼した。二冊ともに葉々社にとって、とても大事な二冊になった。また、出版業における新たなチャレンジとしては、「小さな海外文学」という新シリーズを立ち上げた。目的は海外文学の裾野を広げること。おもにこれまで海外文学に触れてこなかった読書家の方々を対象にして、短編を二～三編収録し、気軽に手にとってもらえるようにした。シリーズの第一弾と第二弾は、イーディス・ウォートン著『ウォートン怪談集』とトマス・ハーディ著『ロングパドル人間模様』。翻訳家・柴田元幸さんの力をお借りすることで、二冊同時刊行とした。この二冊を持参し、出店者としては初めて文学フリマ福岡に参加。九州のお客さんに小さな海外文学シリーズの案内をしながら、葉々社の存在を知ってもらうきっかけにもなった。文学フリマ東京はお客さんの数が多すぎて、会話を楽しむ余裕がないということを知り合いから聞いていたので福岡を選んだわけだが、福岡には「ブックスキューブリック」や出版社の書肆侃侃房が運営している「本のあるところ ajiro」、暮らしに関する本が数多く並ぶ「本灯社」、ＪＲ博多駅にある「丸善 博多店」をはじめ、訪れてみたかった本屋がたくさんあることもその理由のひとつだった。当日、文学フリマ福岡の会場でお会いしたお客さんのなかには佐賀や長崎から参加したという方もいて、「小さな海外文学」の紹介をしつつ、本の話に花が咲いた。

2024年	
新刊・古本を含む一カ月の売上冊数、カッコ内の数字は実店舗・オンラインストアの売上冊数、一日平均の冊数、前年比	
12/25－1/24	410（317・93）／22／160%
1/25－2/24	550（396・154）／20／168%
2/25－3/24	598（480・118）／27／157%
3/25－4/24	587（457・130）／23／137%
4/25－5/24	479（330・149）／20／118%
5/25－6/24	870（715・155）／32／140%
6/25－7/24	325（207・118）／17／55%
7/25－8/24	357（241・116）／21／116%
8/25－9/24	498（415・83）／22／111%
9/25－10/24	716（385・331）／30／165%
10/25－11/24	816（545・271）／33／182%
11/25－12/22	1088（903・185）／50／137%

二〇二三年が終わる頃、二〇二四年の課題として設定したことは、一カ月、五百冊の売上冊数を安定的に確保すること。実店舗で四百冊、オンラインストアで百冊を目標とした。

以下、数字を見ながら二〇二四年の成績を振り返りたい。

全体の成績

1月1日から12月31日まで

2024年 売上冊数	7294冊
（実店舗：5391冊、オンラインストア：1903冊）	
一カ月平均	608冊
［参考］	
2023年 売上冊数	5184冊
（実店舗：4186冊、オンラインストア：998冊）	
一カ月平均	432冊

二〇二三年の成績と比較すると、ずいぶんよくなった。一カ月平均だと六〇八冊（実店舗：四四九冊、オンラインストア：一五九冊）。目標としていた五百冊をクリアすることができた。六月と十二月の数字が特に目立つのは梅屋敷ブックフェスタ・海外文学翻訳家編のおかげである。七月の数字が落ち込んでいるのはソウル国際ブックフェアに参加したためで営業日がほかの月より少なかったからだ。八月は酷暑の影響もあり二〇二四年も厳しい月となったが、新たな試みとして夜間営業を始めてみた。通常の営業時間は十時から二十時までだが、八月は十六時から二十三時の夜型へと時間をシフトした。認知度の問題があるため、すぐに結果が出ることはなかったが、お客さんの立場になって、モノを考える必要があることをあらためて認識した夏だった。あれだけ暑さが厳しいと本屋に足を運ぶ回数が減るのは当たり前のことだろう。十月と十一月のオンラインストアの数字がいいの

は、ハン・ガンのノーベル文学賞受賞とポール・オースターの『４３２１』の影響が大きい。前者は翻訳家・斎藤真理子さんにご協力をいただき、サイン本を作ってもらった結果、全国各地のお客さんからたくさんの注文をいただいた。後者は翻訳家・柴田元幸さんが手書きの翻訳原稿を購入者特典として用意してくれたおかげで、これもまた数多くの予約注文をいただくことができた。

実店舗の数字が向上していることは言うまでもなくうれしいことなのだが、実際に店舗を訪れたことがない遠方のお客さんを中心に、オンラインストアの数字がよくなったことは輪をかけて喜ばしい。私と会ったことがなく、話したこともないお客さんたちは、なぜ、葉々社のオンラインストアを定期的に利用してくれるのか、しかも送料を負担しながら。本を購入する際に価格を最優先事項とするならば、絶対に葉々社のオンラインストアは利用しないだろう。いまもまだ明確な答えはもち合わせていないが、物理的な本以外の何かを、オンラインストアを通じて、やりとりしているのかなと思う。

二〇二四年は、イベントも出版事業も意識して詰め込んだ一年だった。自分としてはこのくらい集中して本屋の仕事に取り組んだとき、どの程度、その結果が数字に反映されるのかを試した年だったとも言える。成果としては十分ではないかと感じている。売上冊数も申し分ない。小さな本屋でもここまで本を売ることができることがわかったし、これ以上の数字は求めなくてもいいのではないかと思う。この結果で本屋としての生活が成り立たないのであれば、それはやはり構造や仕組みに問題があるのだろう。もっと本を売るのではなく、大手を含めた掛け率のきわめて悪い出版社に対して、数字の改善を求めることを優先事項にしたほうがいい。何でもかんでもお客さんに負担してもらうのは筋が違うと思う。

本が売れないと言われる時代に葉々社だけが生き残ったところで、何かいいことはあるだろうか。二〇二五年の振り返りは、本書では行うことができないけれど、本が売れなくて苦戦している小さな本屋のために、何かできることはないかを模索していきたい。たとえば、フェアやイベントを協業したり、アイデアを共有したりするなど。葉々社としてはこれまでどおり、実店舗もオンラインストアも丁寧に仕事を続けていくつもりだが、毎月必ず葉々社を利用してくれるお客さんが全国各地に存在するいま、商売を続けていくうえで不安な気持ちはどこか遠くに消え去ってしまった。一年目はあまりにもお客さんが来ないと、どうしたものかと頭を悩ませる日もあったが、三年が経過したいまはお客さんのことを信じている。信じているからこそ、一日や二日、営業成績が悪かったとしても、毎日安定した気持ちで店を開けることができている。この部分は大きな変化だ。開店前には想像していなかった心の変化が起きている。

二〇二五年は四年目に突入するが、五年、六年と店を長く続けていけばいくほど、常連は増えていくと考えている。毎月の売上もいまより安定するだろう。そうすると心の平穏と安定はより強固なものになるにちがいない。そうなることを信じて、今日も静かに入り口にのれんをかける。

小谷輝之（こたに・てるゆき）
東京・梅屋敷の新刊書店「葉々社」店主。出版社勤務を経て、2022年4月に「葉々社」を開業。本屋を運営しながら出版も行っている。『平岡瞳 卓上カレンダー2023』、『ねこと一緒に、今日もいい日。』、『ウネさんの抱擁』、『日常の言葉たち』、『私的な書店ーたったひとりのための本屋ー』、『ウォートン怪談集』、『ロングパドル人間模様』を出版。

本をともす

二〇二五年三月三一日　初版発行

著者　小谷 輝之
発行者　花野井 道郎
発行所　株式会社時事通信出版局
発売　株式会社時事通信社
〒一〇四-八一七八　東京都中央区銀座五-一五-八
電話〇三（五五六五）二一五五　http://book.jiji.com

印刷・製本　精文堂印刷株式会社
企画・構成・営業　小泉 直紀
企画・編集　大久保 昌彦

落丁・乱丁はお取り替えいたします。定価はカバーに表示してあります。
※本書のご感想をお寄せください。宛先はmbook@book.jiji.com

ISBN978-4-7887-2015-2 Printed in Japan

時事通信社の本

『飛び跳ねる教室・リターンズ』

著・千葉聡

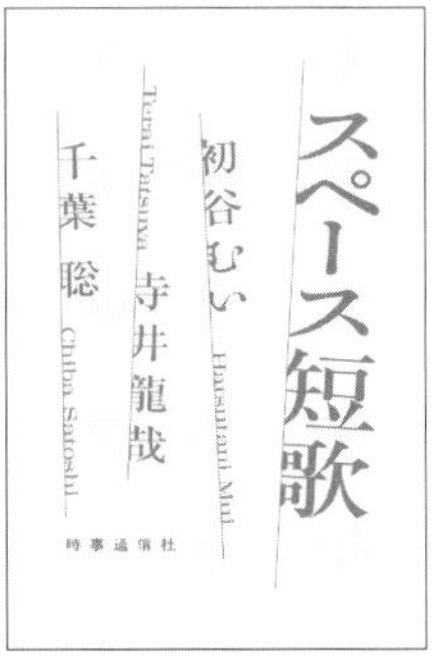

『スペース短歌』

著・初谷むい/寺井龍哉/千葉聡

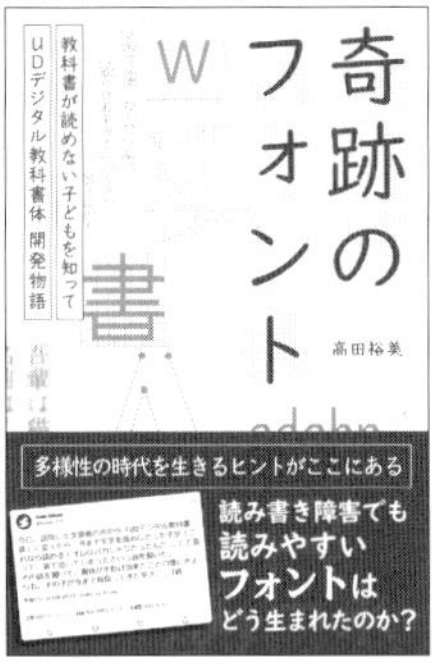

『奇跡のフォント——教科書が読めない子どもを知って UDデジタル教科書体開発物語』

著・高田裕美

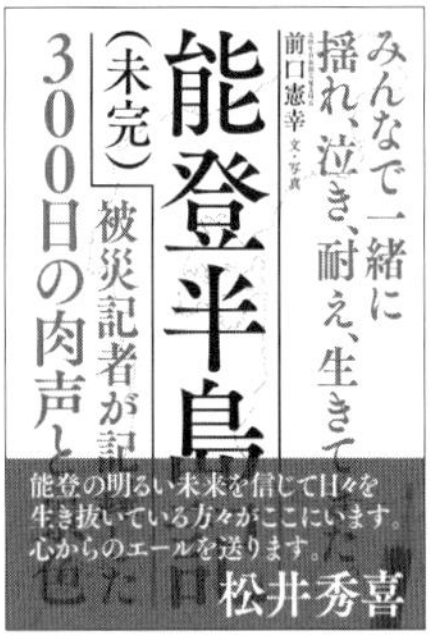

『能登半島紀——被災者が記録した300日の肉声と景色』

著・前口憲幸